Hugo Gaudig

Die Grundprinzipien der Ästhetik Schopenhauers

Hugo Gaudig

Die Grundprinzipien der Ästhetik Schopenhauers

ISBN/EAN: 9783744612722

Hergestellt in Europa, USA, Kanada, Australien, Japan

Cover: Foto ©Thomas Meinert / pixelio.de

Weitere Bücher finden Sie auf **www.hansebooks.com**

)ie Grundprincipien der Aesthetik Schopenhauers.

Inaugural-Dissertation

zur Erlangung der Doctorwürde

der

Philosophischen Facultät

der

K. Pr. Verein. Friedrichs-Universität

Halle-Wittenberg

eingereicht

von

Hugo Gaudig

aus Bleicherode.

———— || ————

Halle a/S. 1883.

Buchdruckerei von W. Niehoff in Bleicherode.

Seinem verehrten väterlichen Freunde

dem

Herrn Professor Burghardt

und

Seinem lieben Vater

gewidmet

vom

VERFASSER.

Der Kritiker, welcher sich aus dem Ganzen eines Systems einen Theil zu gesonderter Behandlung auswählt, gleicht, wenn er seine Aufgabe recht erfasst, nicht sowol dem Anatomen, der aus einem toten Körper einen Teil ausscheidet und zu einem saubern Präparate verarbeitet als vielmehr dem Physiologen, welcher ein Glied des Organismus im Zusammenhang mit den gesammten Functionen des Körpers beobachtet. Diese Art der Behandlung wird zu einer unabweisbaren Pflicht einem System gegenüber, das, wie das Schopenhauer'sche, seine strenge Geschlossenheit mit der Behauptung beansprucht, dass es nur Einen Gedanken mitteile und welches mit grosser Vorliebe die lebendige Wechselbeziehung zwischen den Teilen untereinander und zwischen dem Ganzen und den Teilen hervorhebt (vergl. „Welt als Wille und Vorstellung" 5. Aufl. Vorrede pag. VII. und VIII.) Der Eine Gedanke aber, in welchem Schopenhauer „den Stein der Weisen", der Weisheit letzten Schluss gefunden zu haben meint, ist der, dass der Wille, den wir in unserem Selbstbewusstsein als den substantiellen Kern unseres Wesens erkannt haben, zugleich auch seinem Grundcharakter, dem Triebe, nach das von unseren Erkenntnissformen unabhängige Ansich der Welt ausmacht. Den Willen als das innerste und letzte Wesen der Erscheinungswelt behandelt die Metaphysik; und zwar seine Offenbarung in der Natur die Metaphysik der Natur, seine Offenbarung in unserem Inneren die Metaphysik der Sitten. Zwischen diese beiden Disciplinen schiebt sich, ähnlich wie bei Kant die Kritik der Urtheilskraft zwischen die Kritik der reinen und die Kritik der practischen Vernunft, die Metaphysik des Schönen, welche „die vollkommenste und reinste Auffassung seiner (d. h. des Willens) äusseren oder objectiven Erscheinung in Betracht zieht (Parerga und Paralipomena: 2. Auflage II § 21). Gerade die letzte Seite des dreigliedrigen Systems zum Gegenstand monographischer Behandlung zu machen, bestimmte mich vornehmlich der intime Zusammenhang, welchen Schopenhauer zwischen der Kunst und der Philosophie statuirt und die damit begründete Hoffnung, von Seiten der Aesthetik eine neue Beleuchtung des ganzen Systems zu gewinnen. Schon in den Vorstudien zu seinem Hauptwerk will Schopenhauer, der Bewunderer „des göttlichen Platon", dass die Philosophie als eine Kunst und nicht als eine Wissenschaft behandelt werde; diesen Weg aufgeben, heisst ihm auf eine Lösung des Welträthsels verzichten. Umgekehrt lässt der Verfasser von Welt als Wille und Vorstellung die Kunst das Problem des Daseins lösen und bemerkt, dass die Fähigkeit zum künstlerischen Schaffen und zur philosophischen Speculation in der Wurzel dieselbe sei.

Die Ueberschrift des der Kunstphilosophie gewidmeten 3. Buches der Welt als Wille und Vorstellung: „die Platonische Idee; das Object der Kunst" leitet auf die Bemerkung aus Schopenhauer's Naturphilosophie zurück, dass die discreten Stufen, auf welchen der Urwille in der Natur sich offenbart, identisch mit Platons Ideen seien. — In Folge unserer sensual und cerebral bedingten Anschauung erscheint uns nämlich der Eine, die Möglichkeit einer realen Differenzirung absolut von sich ausschliessende, Wille als die Welt, welche beim ersten Blick uns so kaleidoskopisch bunt und in ihrer sinnenverwirrenden Mannigfaltigkeit unübersehbar dünkt. Ein Orientirungsversuch in dieser Objectenwelt überzeugt uns jedoch, dass sich die Menge der Erscheinungen in gewisse Klassen und Ordnungen einreihen und auf bestimmte, feststehende Grundcharactere zurückführen lässt. Diese Grundcharactere sind eben die Platonischen Ideen; sie sind die Stufen oder „die ursprünglichen, nicht wechselnden Formen und Eigenschaften aller natürlichen sowol unorganischen als organischen Körper, wie auch die nach Naturgesetzen sich offenbarenden allgemeinen Kräfte." Die Idee bildet somit ein Mittleres zwischen den Einzeldingen und dem einen unteilbaren Urwillen. In der Idee objectivirt sich der Wille unmittelbar oder adäquat; im Einzeldinge mittelbar oder inadäquat.

Auch die Ideen sind nur Vorstellungen; aber sie sind nur erst in die allgemeinste Form alles Erkennens, des Objectseins für ein Subject, eingegangen; die Einzeldinge hingegen tragen auch die untergeordneten subjectiveren Formen des Erkennens an sich, welche Schopenhauer unter „den Satz vom Grunde" subsumirt.

Um daher die Idee, das Object der Kunst, zu erkennen, genügt die gemeine, am Satz vom Grunde verlaufende, Erkenntniss nicht. Wie nämlich der ganze Leib des Menschen eine Objectivation des Willens ist, so auch sein Gehirn; denn das Gehirn ist, objectiv angeschaut, der Wille zu erkennen, wie die Hand der Wille zum Greifen, der Fuss der Wille zum Gehen ist. Schon durch ihren Ursprung steht mithin die Erkenntniss im Dienste des Willens, der sich mittelst ihrer die Befriedigung seiner auf den höchsten Objectivationsstufen sehr anspruchsvollen Existenz verschafft. Alle vom Willen beeinflusste Erkenntniss aber ist absichtsvoll und tendenziös, darum zur objectiven Forschung untauglich. Erst wenn die Erkenntniss sich vom Dienste des Willens losmacht, d. h. wenn das erkennende Subject nicht mehr die Relationen der Dinge zu seinem Willen nach dem Satze vom Grunde, diesem specifischen Organ aller willenhaften Erkenntniss, verfolgt, tritt das wahre Wesen der Dinge, ihr Was, ihre Idee hervor. Das Subject aber ist nicht mehr Individualsubject, sondern reines, willenloses, schmerzloses, zeitloses Allgemeinsubject: Idee und reines Subject des Erkennens machen „zusammen" die adäquate Objectität des Willens aus.

Das Ziel der willenlosen, d. h. genialen oder künstlerischen Betrachtung ist Erkenntniss des wahren Wesens der Dinge.

Die W i r k u n g der aesthetischen Betrachtungsweise ist Wohlgefallen; dasselbe entspringt je nachdem der contemplirte Gegenstand einer niederen oder höheren Objectivationsstufe angehört, bald mehr aus dem Wohlgefühl der Ruhe des allem Wollen und d a m i t a l l e m L e i d e n enthobenen Subjects, bald mehr aus der Erkenntniss der Ideen.

Dies sind in kärglichem Umriss die Fundamentalgedanken der Kunstphilosophie Schopenhauers.

Die Kürze dieses summarischen Ueberblicks schien geboten, um bei der Specialuntersuchung, in welche wir nunmehr eintreten, Wiederholungen zu vermeiden.

Wir behandeln zuvörderst das Subject der aesthetischen Erkenntniss, und zwar so, dass wir hier, wie überhaupt, der „quaestio facti‘‘ eine „quaestio juris‘‘, der Darstellung des nach Schopenhauer vorliegenden Thatbestandes eine Kritik, folgen lassen.

Die nächsten Bestimmungen zur Charakterisirung des künstlerisch betrachtenden Subjects liefert uns die Behauptung Schopenhauer's, dass die Ideen, also das Kunstobject, ausserhalb der Erkenntnisssphäre des I n d i v i d u u m s liegen. Das Subject der aesthetischen Contemplation ist nicht — individuell; die Bedingung des künstlerischen Genusses wie der künstlerischen Production ist: A u f h e b u n g d e r I n d i v i d u a l i t ä t im e r k e n n e n d e n S u b j e c t, E n t i n d i v i d u a l i s i r u n g d e s S u b j e c t s.

Die individuelle Erkenntniss ist willenhaft, verläuft am Satze vom Grunde und hängt vom empirischen Charakter des Subjects ab. Die Negation dieser Bestimmungen liefert ebensoviele charakteristische Merkmale für das „reine‘‘ Subject.

Das Subject der genialen Betrachtung ist „willenlos‘‘; und zwar bezeichnet Sch. die Willenlosigkeit als eine absolute; so, wenn er von einer „Elimination a l l e s Wollens‘‘ spricht (W. a. W. u. V. II 419) oder den Betrachter des Schönen „über sich selbst, seine Person, sein Wollen und a l l e s Wollen‘‘ hinausgehoben werden lässt (W. a. W. u. V. I 238). Auch gebraucht der Philosoph das Attribut „willenlos‘‘ stets ohne einen einschränkenden Zusatz.

Dazu stimmt indess die anderweitig gegebene Charakteristik der aesthetischen Erkenntniss nicht: „Nur wann der Wille. mit seinen Interessen. das Bewusstsein geräumt hat, und der Intellect frei seinen eigenen Gesetzen folgt und als reines Subject die objective Welt abspiegelt, dabei aber doch, obwol von keinem Wollen angespornt, aus eigenem Triebe. in höchster Spannung und Thätigkeit ist, treten Farbe und Gestalt der Dinge in ihrer wahren und vollen Bedeutung hervor“ (W. a. W. u. V. II 427); und wenige Zeilen später: „Nur Objectivität befähigt zum Künstler; sie ist aber allein dadurch möglich. dass der Intellect, von seiner Wurzel. dem Willen abgelöst. frei schwebend und doch höchst energisch thätig sei.“ Wo aber „Thätigkeit“, „Spannung“, Trieb. da ist auch Wille.

Derselbe Widerspruch tritt zu Tage. wenn Sch. der aesthetischen Contemplation einen Z w e c k, die Erkenntniss der Ideen, vindicirt. Ebenso, wenn er bei der Auseinandersetzung über die beiden Componenten des Wohlgefallens am Schönen die Erkenntnissthätigkeit in Widerstreit mit dem Wohlgefühl der Ruhe treten lässt: ist nämlich (s. o.) die Idee eine höher graduirte, mithin inhaltreichere, so verhindert uns die auf die Erkenntniss derselben gerichtete Denkenergie, die Wirkung der Beschwichtigung des Willens zu empfinden. (W. a. W. u. V. I p. 258). Also auch hier Thätigkeit und mithin Wille.

Mithin ist die geniale Contemplation nicht schlechthin frei von Willen. und das Prädicat „willenlos“ gibt kein charakteristisches. specifisches Merkmal für das aesthetische Erkennen im Gegensatz zum gemeinen Erkennen ab. Indes liegt das Princip der Unterscheidung bereits in dem oben über die Erkenntniss nach dem Satz vom Grunde Bemerkten. Diese Erkenntniss nämlich geschah im Dienste und Interesse des auf Selbstbehauptung bedachten Individuums; sie war nur das Mittel zu einem ausserhalb ihrer selbst gelegenen Zwecke: das nur Relationen erkennende Individuum sucht „seine Sache“ (I p. 440), sein persönliches Wohl. Dagegen hat die geniale Erkenntniss keinen ihr fremden Zweck; sie ist sich selbst Zweck und darum spontau; während die individuelle Erkenntniss subjectiv und practisch gerichtet ist, geht jene auf das Objective und Theoretische.

Sowol der nur einer interessirten Betrachtung fähige Mensch („diese Fabrikwaare der Natur") als das Genie hat „Erkenntnisswillen"; aber während er bei jenem nur im Interesse des Subjects in Function tritt, ist bei diesem die Erkenntniss des Objects Motiv.

Sch. liefert zwar die Elemente dieser Gegenüberstellung, aber es fehlt eine scharfe Unterscheidung der beiden Erkenntnissarten, weil dem aesthetisch erkennenden Subject niemals direct ein Wille zuerkannt wird.

Derselbe Mangel tritt in anderer Gestalt auch sonst noch hervor. Es wurde bereits bemerkt, dass der Zustand der aesthetischen Contemplation dann eintritt, wenn das contemplirende Subject sich vom Dienste des Willens frei macht, und der Intellect dadurch für sich selbst („in spontaner Anspannung") thätig wird. Sch. gebraucht für diesen Vorgang mit auffallender Vorliebe den Ausdruck: „der Intellect reisst sich los", eine Redewendung, durch welche der Eindruck des Gewaltsamen hervorgebracht wird. Uebrigens benimmt sich Sch., um diese Bemerkung gleich hier einzuschalten, das Recht zu einem durchgehenden und allgemeinen Gebrauch dieses Terminus, indem er (I p. 238) zwischen dem Schönen und Erhabenen den Unterschied statuirt, dass beim Schönen das reine Erkennen ohne Kampf die Oberhand gewinnt, beim Erhabenen hingegen erst „durch ein bewusstes und gewaltsames Losreissen".

Für unsere Frage ergibt sich jedenfalls aus dem Gebrauche des Ausdrucks „losreissen", dass auch hier wieder Wille im Spiel ist. Und in der That zeigt auch die gemeinste Erfahrung, dass wir zu künstlerischem Genuss meistens erst durch eine Anstrengung gelangen; müssen wir doch nicht nur, um „ganz bei der Sache zu sein", vorher alle aus unserem individuellen Alltagsleben auf uns eindringenden Gedanken verbannen, sondern verleitet uns doch gar oft auch das Kunstobject selbst, Beziehungen zu unserem Eigenleben herzustellen, denen wir uns im Inter-

esse einer reinen Kunstbetrachtung entschlagen müssen.
Hierzu aber ist eben jener auf die Erkenntniss des Objects
um der Erkenntniss willen gerichtete Wille von nöten.
Sch. verdeckt sich die Notwendigkeit, von diesem Willen reden zu müssen, durch einen eigensinnig festgehalte-
nen Sprachgebrauch; mit grosser Stetigkeit bezeichnet er
nämlich den Gegensatz zwischen Individualsubject und reinem willenlosen Subject als einen Gegensatz zwischen Wille
und Intellect; so, wenn er (I § 69) den Willen durch die
Erkenntniss aufgehoben werden lässt, oder wenn er von
einer „Loslösung des Intellects vom Willen zum Leben"
spricht oder wenn er das Accidenz (d. h. den Intellect) den
Willen bemeistern lässt. (II 422.)

Zu diesen beiden Gründen, aus denen wir die absolute
Willenlosigkeit des Subjects der aesthetischen Contemplation bestreiten mussten, kommt ein dritter und letzter.
Die Frucht des künstlerischen Erkennens war, wie oben
bemerkt, „Wohlgefallen": alles Wohlgefallen aber setzt Willen voraus; denn Wohlgefallen beruht auf der Bejahung
eines vorhandenen Zustandes oder einer gegebenen That-
sache, d. h. auf einer „Billigung"; alles „billigen" aber ist
ein „willigen", ein „einwilligen".

Sch. freilich versucht die Möglichkeit des Wohlgefallens ohne eine Beziehung auf unser Wollen darzuthun und
damit „das eigentliche Problem der Metaphysik des Schönen" zu lösen. „Jeder, so heisst es Parerga (2. Aufl.)
Bd. II § 209, . . . fühlt, dass Freude und Wohlgefallen an
einer Sache eigentlich nur aus ihrem Verhältniss zu unserem
Willen . . . entspringen kann. Dennoch erregt, ganz offenbar, das Schöne als solches unser Wohlgefallen . . . ohne
dass es irgend eine Beziehung auf unsere persönlichen
Zwecke also unseren Willen, hätte". Die Lösung
dieser Aporie ist nach Sch. eigener Meinung die, dass beim
Eintritt einer aesthetischen Auffassung mit dem Willen zugleich die Möglichkeit des Leidens schwindet; eben diese
Wegnahme „der ganzen Möglichkeit des Leidens" aber sei
der Ursprung des Wohlgefallens am Schönen. Im Folgenden fügt dann Sch. zur Beruhigung derjenigen, welche etwa

mit der Möglichkeit des Leidens auch die Möglichkeit der Freude aufgehoben glaubten, die Erklärung bei, dass ja alles Glück nur „negativer Natur, d. h. bloss das Ende des Leidens", der Schmerz hingegen das Positive sei und dass mithin beim Verschwinden alles Wollens aus dem Bewusstsein doch der Zustand der Freude, d. h. der Abwesenheit des Schmerzes bestehen bleibe.

Allein einmal ist die Behauptung, alle Freude sei nur das Ende eines Leidens nur eine (auch an anderen Stellen nicht erwiesene) Behauptung; mit dem Willen schwindet das Gefühl, d. h. das Organ für den Affect; Sch. selbst rechnet (s. „Die beiden Grundprobleme der Ethik" p. 11) die Gefühle der Lust und Unlust zu den Affectionen desselben Willens, welcher in Entschlüssen und Handlungen thätig ist. Zweitens aber vergisst Sch. an der obigen Stelle, dass das Wohlgefallen am Schönen aus zwei Coefficienten besteht, aus dem Gefühl der Ruhe und der Freude über die Ideenerkenntniss. Das Wohlgefallen an der Erkenntniss aber ist positiv und aus dem blossen Aufhören eines Leidens nicht erklärlich.

Die richtige Lösung dieser Frage lag für Sch. zum Greifen nahe, wenn er behauptete, das Schöne errege unser Wohlgefallen ohne Beziehung auf „unsere persönlichen Zwecke"; freilich verwischt sich der wahre Sachverhalt sogleich wieder durch den Zusatz „also unseren Willen". Wohlgefallen ohne Wille ist unmöglich; wol aber ist Wohlgefallen möglich ohne Beziehung auf unseren persönlichen, egoistischen Willen. Das Subject der aesthetischen Erkenntniss ist nicht willenlos, sondern nur „uninteresssirt".

Hiermit sind wir bei dem von Kant mit grossem Erfolg in die Aesthetik eingeführten Begriff „des Wohlgefallens ohne alles Interesse" angelangt. Uebereinstimmend mit einer Auseinandersetzung Mendelssohns in den „Morgenstunden", deren Zweck es war, zwischen dem Erkennen und dem Begehren einem dritten Seelenvermögen, dem Wohlgefallen, welches doch eigentlich von Begierde weit entfernt und ein besonderes Merkmal der Schönheit sei, Raum und Anerkennung zu verschaffen — charakterisirt

Kant das Wohlgefallen am Schönen seiner Qualität nach als „uninteressirt" und scheidet es damit von dem Wohlgefallen am Angenehmen und Guten, welches sich mit der Vorstellung von der E x i s t e n z eines Gegenstandes verbindet. Für das Wohlgefallen am Schönen ist die Existenz des Gegenstandes und damit seine durch die Existenz möglich gemachte Beziehung zu unserem „Eigenleben" gleichgiltig; es genügt das Vorhandensein eines B i l d e s des Schönheitsobjectes, d. h. die reine Vorstellung. Sobald das Subject irgendwie, sei es nach seiner sinnlichen oder practischen oder moralischen Seite, für den Gegenstand „interessirt" wird, d. h. eine Beziehung zwischen der Existenz des Gegenstandes und der eigenen Existenz statuirt, entsteht sogleich ein Reiz auf den Willen, welchen dieser durch ein Begehren, ein Wollen einlöst. Durch dieses Verhältniss zum individuellen Willen ist aber eine freie unbeeinflusste Stellung des Subjects zum Object illusorisch gemacht.

Alles Wohlgefallen ist eine Bewegung der Seele, aber während das Wohlgefallen am Angenehmen und Guten mit Verlangen „vergesellschaftet" ist, verhält sich das aesthetisch erkennende Subject „rein contemplativ".

Dass Sch. aber als Bedingung des aesthetischen Genusses Elimination a l l e s Wollens verlangt, hat darin seinen Grund, dass er alles Wollen aus Bedürfniss, also aus Mangel und Leiden entspringen lässt (I 239); so lange wir von diesem Wollen erfüllt und dem Drange der Wünsche mit seinem steten Hoffen und Fürchten hingegeben sind, haben wir nie Ruhe.

Hier hätte Platos Unterscheidung der unreinen und reinen Gefühle, wie sie der Philebus gibt, für Sch. ein Correctiv werden können; die unreinen Gefühle nämlich entspringen aus einem schmerzerregenden Bedürfniss; die reinen Gefühle dagegen erzeugen, wenn sie fehlen, keinen Schmerz, wenn sie vorhanden sind, positive Lust.

Aus drei Gründen mithin müssten wir dem reinen, „willenlosen" Subject des Erkennens Willen zusprechen: 1) sofern es den Zweck der Ideenerkenntniss verfolgt, 2) sofern es sich von der Beeinflussung des egoistisch gerichteten Willens losmacht und 3) sofern es Wohlgefallen empfindet.

Indem wir übrigens auch dem reinen Subject des Erkennens einen Willen und zwar einen solchen, welcher dem individuellen Willen geradezu entgegengesetzt ist, vindiciren, gerathen wir in die bedenkliche Lage, gegen Sch. eigene, sehr bestimmt ausgesprochene, Ansicht in dem Einen ungeteilten Willen einen Gegensatz anzunehmen. Der Wille ist gleichsam von zwei Trieben beseelt, einem gemeinen, schlechthin auf die Erhaltung des Individuums abzielenden und einem höheren aesthetisch-philosophischen ; beide Triebe aber bestehen nicht ungestört neben einander; denn der theoretische gelangt nur zur Thätigkeit, wenn der practische für eine Zeit aufgehoben ist; dies geschieht nur ausnahmsweise, denn es geht dem Willen wie den Schopenhauer'schen Philosophieprofessoren: „primum vivere, deinde philosophari". Der Zweck des reinen Erkenntnisswillens ist die Erkenntniss der Ideen, des wahren Wesens der Dinge; diesen Luxus gestattet der Lebenswille erst dann, wenn er zum Schweigen gebracht ist.

Wenn wir hier als die Function des dem reinen Subject beigemessenen Willens das theoretische Erfassen des Ansichs der Welt bezeichnen, so ist doch nicht zu vergessen, dass derselbe auch eine eminent practische Bedeutung hat; denn ebenso wie aus der am Satz vom Grunde verlaufenden Erkenntniss das auf die Befriedigung des Trieblebens hinauslaufende, darum individuelle und egoistische Handeln hervorgeht, ebenso entspringt aus der reinen Erkenntniss, welche das „principium individuationis" durchschaut, das tugendhafte Handeln, welches sich zunächst im Mitleid, endlich aber in der Verneinung des Lebenswillens manifestirt.

Auf der einen Seite also das handelnd und erkennend im „principio individuationis" befangene Einzelsubject, auf der anderen das im Erkennen und Handeln des Ansich der Welt erfassende Allgemeinsubject. Der Gegensatz im Intellect und Willen führt zu einem Gegensatz, welcher die Einheit des Subjects gefährdet. Indes verlangt dieser weit vorgeschobene Posten unserer Untersuchung Succurs aus den folgenden Auseinandersetzungen. —

„Entindividualisirung des Subjects" so bezeichneten wir die Bedingung der aesthetischen Contemplation; wir erörterten dann zuvörderst das eine Attribut des entindividualisirten Subjects. „Die Willenlosigkeit".

Soll aber das Individuum völlig in das Allgemeinsubject aufgehoben werden, dann müssen auch, so postulirt Sch. weiter, die individuellen Erkenntnissformen als unbrauchbar für die objective Erkenntniss aufgegeben werden. Diese Erkenntnissformen aber fassen sich, wie oben angemerkt ist, unter dem Satz vom Grunde zusammen, „der das letzte Princip aller Endlichkeit, aller Individuation und die allgemeine Form der Vorstellung ist, wie sie in die Erkenntniss des Individuums als solchen fällt".

Der Zweck des Willens bei der Erschaffung der Erkenntnissorgane war die Erhaltung des Individuums, eine Tendenz, welche von vornherein den die Beziehungen des Individuums zur Aussenwelt regierenden Intellect unter die Dienstbarkeit des Willens bringt; der Behauptung: zum behuf des Willens taugt nur die Erkenntniss nach dem Satze vom Grunde tritt die andere zur Seite: die Erkenntniss nach dem Satz vom Grunde taugt nur zum behufe des Willens.

Auch die Beziehungen der Dinge zu einander erkennt der Wille nur behufs der Vollständigkeit derjenigen Erkenntniss, welche die Beziehungen zwischen den Einzeldingen und dem Einzelsubject regulirt. (I p. 210; II 416.)

„Das Individuum ist das Subject des Erkennens in seiner Beziehung auf eine bestimmte einzelne Erscheinung des Willens und dieser dienstbar". (I 211.)

Dasselbe Resultat gewinnt man, wenn man physiologisch die Entstehung der Erscheinungswelt, dieses unter Botmässigkeit des Satzes vom Grunde stehenden Terrains, betrachtet. Alle Erkenntniss geht von den Affectionen unseres Leibes aus; die Veränderungen der thierischen Leiber werden (I p. 13) unmittelbar erkannt, d. h. empfunden, und indem sogleich diese Wirkung auf ihre Ursache bezogen wird, entsteht die Anschauung der letzteren als eines Objects. Der Leib aber ist nichts als concreter Wille, die Action des Leibes nichts als der objective, anschaulich aufgefasste Willensact.

Wäre unsere Anschauung nicht vermittelt durch einen Leib, wäre der Forscher nichts als „ein geflügelter Engelskopf ohne Leib", so wäre die reine adäquate Erkenntniss möglich, ein Gedanke, der sich bekanntlich auch bei Plato, den Neoplatonikern, den Kirchenvätern und überhaupt allen mystisch beeinflussten Geistern wiederfindet. Plato z. B. sagt: „ehemals (d. h. im praeexistenten Zustande) schauten die Seelen rein und unbesudelt von dem, was wir jetzt . . . unter dem Namen des Körpers mit uns herumtragen, als Mysten und Epopten der vollendeten Schönheit". —

Sobald wir, lehrt Sch., ein Einzelding wahrnehmen, ist sofort eine Beziehung zu unserem Willen gegeben, denn in den Einzeldingen liegen die Objecte des Wollens (Parerga II § 2). Nun ist zwar zuzugeben, dass eine Erregung des Individualwillens in der Regel nur durch Individualobjecte stattfindet. Aber eine ganz andere Frage ist entschieden die, ob überall da, wo ein Individualsubject auf ein Invidualobject stösst, d. h. da, wo ein einzelnes Ding wahrgenommen wird, eine Beziehung zum Willen entstehen muss. Eine einfache Ueberlegung wird uns die Frage verneinen lassen: Wir nehmen einen schönen Baum wahr, unser Auge umfasst seine Gestalt vom Stamm bis zu den feinsten Verästelungen der Zweige; unser Wohlgefallen wird erregt und zwar durch den Baum so wie er vor uns steht, in seiner ganzen characteristischen Eigentümlichkeit; aber eine Beziehung zu unserem persönlichen individuellen Willen ist nicht gegeben. Haben wir dann den Baum verlassen, so ruft uns unsere Phantasie sein Bild und mit dem Bilde das Wohlgefallen am Objecte des Bildes zurück. Man sieht, wir kommen auch hier wieder auf Kants „interesseloses Wohlgefallen". Eine Beziehung zu unserem Willen würde sich ergeben, wenn uns die Existenz des Gegenstandes und die damit verbundene Möglichkeit, uns den

Gegenstand zu nutze zu machen, gefallen würde, d. h. „wenn unser Urtheil nicht ganz indifferent in Ansehung des Daseins des Gegenstandes wäre".

Wir besitzen die Fähigkeit, das Einzelobject, obwol es in der Sphäre unserer Willensbethätigungen liegt, rein interesselos zu betrachten. Und was von dem einzelnen Objecte gilt, gilt ebenso von einer durch das Causalgesetz verknüpften Folge von Handlungen und Thatsachen. Also: Auch die Erkenntniss am Leitfaden des Satzes vom Grunde vermag den Objecten als solchen gerecht zu werden; auch das Individuum kann reines Subject der Anschauung sein.

Diese Behauptung rechtfertigt sich auch dadurch, dass die Erkenntnissformen, obwol subjectiv, dennoch eine allgemeinmenschliche darum allgemeingiltige Einrichtung unseres psychischen Organismus sind.

Der Grund, warum Sch. das Individuum nichts weiter als das einer bestimmten einzelnen Willenserscheinung dienstbare Subject des Erkennens (s. o.) sein lässt, liegt in der unberechtigten Gleichsetzung von Wille, Leiblichkeit und Individualität und der daraus erwachsenden Unmöglichkeit, das Allgemeine, über die concrete Einzelerscheinung Uebergreifende im Individuum zu erkennen und zu würdigen. Alle Individualität ist für Sch. schlecht; sie ist nichts als concretes Wollen; das Wollen aber ist die Quelle der unendlichen Daseinsqual. Aufhebung des Wollens, der Individualität, der Leiblichkeit ist Pflichtgebot im Interesse der Sittlichkeit des Denkens und des Handelns. Erst die nicht mehr durch unseren Leib vermittelte Erkenntniss führt zu den Ideen und dem wahren Ansich der Dinge (I 207); erst die Ertötung der Begierden durch Askese führt zur wahren Sittlichkeit.

An dieser Stelle, wo von dem Verdict Sch. gegen alle Erkenntniss der Relationen gehandelt wird, muss auch noch der eine derjenigen Gründe zur Sprache kommen, warum Sch. so geringschätzig von der specifisch wissenschaftlichen Erkenntniss redet. Wir sahen, dass „der in seiner natür-

lichen Function thätige Intellect" blosse Beziehungen und
zwar zunächst Beziehungen der Dinge auf den Willen, dann
aber auch zur „Vollständigkeit dieser Erkenntniss" die
Beziehungen der Dinge zu einander erkennt (II 416). Diese
letztere speciell dem Menschen eigene Erkenntniss steht
nur noch „mittelbar" im Dienste des Willens und ist daher
geeignet, den Uebergang zur rein objectiven, vom Willen
ganz unabhängigen, künstlerischen Betrachtung zu machen.
Inwiefern steht nun die wissenschaftliche Erkenntniss (wenn
auch nur mittelbar) noch im Dienste des Willens? Sicher
nicht darum, weil bei wissenschaftlicher Forschung ein
durch persönliche Motive, d. h. aussersachliche Interessen,
bestimmter Wille einwirkt resp. einwirken muss. Die richtige Deutung ermöglicht vielmehr eine gelegentlich (II 421)
von Sch. eingestreute Bemerkung über abstractes Denken und Lesen. Abstractes Denken und Lesen nämlich
gehören zwar, heisst es a. a. O., im weiteren Sinne auch
zum Bewusstsein anderer Dinge, also zur objectiven Be-
schäftigung des Geistes; jedoch nur mittelbar, nämlich mittelst der Begriffe; diese selbst aber sind das künstliche
Product der Vernunft und schon daher ein Werk der Ab-
sichtlichkeit. Auch ist (und dieser Passus ist hier für uns
besonders wichtig) bei aller abstracten Geistesbeschäftigung
der Wille der Lenker, als welcher ihr seinen Absichten gemäss die Richtung ertheilt und auch die Aufmerksamkeit
zusammenhält; daher dieselbe auch stets mit einiger Anstrengung verknüpft ist; „diese aber setzt Thätigkeit des
Willens voraus". Es fehlt mithin hier die Bedingung der
aesthetischen Auffassung, d. h. die vollkommene Objectivität
des Bewusstseins.

Wir haben die Stelle ganz hergesetzt, weil sie auf die
Erkenntnisstheorie und die Aesthetik Sch. ein eigenartiges
Licht wirft. Es ist klar, dass der Wille, von welchem die
angeführte Stelle spricht, derjenige ist, welcher dem Intellect seine Richtung auf die jeweilig vorliegende Frage und
die zur Lösung wissenschaftlicher Probleme notwendige
Denkenergie verleiht. Wenn freilich Sch. der wissenschaftlichen Erkenntniss die Objectivität abspricht, so könnte es

wiederum scheinen, als sei der egoistisch gerichtete, die
Erkenntniss fälschende Wille gemeint. Ist dies nicht der
Fall, so ist der Wille beim abstracten Denken derselbe, wie
der, welcher auch (s. o.) beim aesthetischen Erkennen in
Thätigkeit ist, d. h. der auf objective Betrachtung gerich-
tete „Erkenntnisswille".

Natürlich ist mit der Behauptung, dass die wissenschaftliche Erkenntniss von den störenden Einflüssen des individuellen Willens frei ist, noch nicht die Tauglichkeit der
am Satz vom Grunde verlaufenden Erkenntniss für das Erfassen des tiefsten Wesens der Dinge erwiesen. — Mit diesem Gedanken berühren wir den zweiten Grund für den
Gegensatz, welchen Sch. zwischen dem gemeinen und wissenschaftlichen Erkennen einerseits und dem aesthetisch-
philosophischen Erkennen anderseits annimmt; damit aber
zugleich den zweiten Grund, warum Sch. die Erkenntniss
nach dem Satze vom Grunde als ungeeignet für die geniale
Betrachtung verwirft. Die aesthetische und noch mehr die
philosophische Erkenntniss soll das Problem des Daseins
lösen; die individuelle Erkenntniss kommt niemals über
Relationen hinaus.

In derselben Weise fixirte Sch. das Verhältniss von
wissenschaftlicher und künstlerischer Erkenntniss bereits in
seinen philosophischen Vorarbeiten, welche mir leider nur
in dem kurzen Auszuge zugänglich waren, den Frauenstädt
in den „Neuen Briefen über die Philosophie Sch." p. 197 ff.
gegeben hat. Kunst und Philosophie betrachten das ewig
Seiende, nimmer Gewordene; Geschichte und Wissenschaft
das immer Werdende, nie Seiende; Kunst und Philosophie
bilden den Inhalt „des besseren Bewusstseins", Wissenschaft
und Geschichte den des empirischen (man sollte erwarten:
„des schlechteren") Bewusstseins. Die Philosophie ist so
lange vergeblich gesucht, weil man sie auf dem Wege der
Wissenschaft statt auf dem der Kunst suchte. „Die hori-
zontale Linie ist der Weg der Wissenschaft und des Genusses, die senkrechte der Weg der Kunst und der Tugend".
Alle Wissenschaft ist wesentlich ungenügend, denn wenn
sie auch jedes Phänomen aus einem anderen zu erklären

wüsste, so bliebe doch die ganze Reihe unerklärt u.
s. w.

In ähnlicher Weise drückt sich Sch. im Hauptwerk aus;
so z. B. 1 218, wo das Bild von der horizontalen und ver-
ticalen Linie wiederkehrt: „Die dem Satz vom Grunde nach-
gehende ist die vernünftige Betrachtungsart, welche im practischen Leben, wie in der Wissenschaft allein gilt und hilft;
die vom Inhalt jenes Satzes wegsehende ist die geniale Betrachtungsart, welche in der Kunst allein gilt und hilft".

Dagegen heisst es indes Parerga II § 2: „Für den Intellect im Dienste des Willens gibt es nur einzelne Dinge;
für den Intellect, der Kunst und Wissenschaft treibt, also
für sich selbst thätig ist, gibt es nur Allgemeinheiten, ganze
Arten, Spezies, Klassen, Ideen von Dingen". — Und in
der That ist ja zunächst ersichtlich, dass die Wissenschaft,
welche überall die allgemeinen, die Erscheinungswelt be-
herrschenden Gesetze aufsucht, es nicht mit dem zu thun
haben kann, was immer wird und nie ist. Ueberhaupt aber
fasst Sch. das Verhältniss zwischen Philosophie und Wissenschaft in einer Weise, welche weder dem thatsächlichen
Bestande noch dem Interesse der beiden Disciplinen entspricht. Philosophie und Specialwissenschaften dürfen nicht
als toto genere verschieden angesehen werden, vielmehr
muss zwischen beiden eine lebensvolle Wechselbeziehung
bestehen, der Art, dass die Philosophie als Universalwissen-
schaft das durch die exacten Wissenschaften gelieferte Material zum Ganzen einer einheitlichen Weltanschauung verarbeitet, und die speciellen Wissenschaften dafür den weiteren Ueberblick und die allgemeinen Resultate der Philosophie bestimmend auf sich einwirken lassen. Die Tren-
nung beider Wissensgebiete führt in der Wissenschaft zum
nackten Empirismus und zur Isolirung der einzelnen For-
schungsgebiete, in der Philosophie zur metaphysischen
Dichtung. Die Voraussetzung dieses Ineinandergreifens von
Philosophie und Wissenschaft ist freilich die, dass beide
dasselbe Gebiet bearbeiten, eine Voraussetzung, der Sch.'s
Philosophie genügt, wenn sie als ihre Aufgabe das in den
Erscheinungen der Dinge immanente Wesen bezeichnet, der

sie aber nicht entspricht, wenn sie gemäss ihren Platonisi-
renden Ausgängen die Erscheinungswelt als das Nichtseiende,
das Inhalts- und darum Wahrheitslose ansieht.

Sch. selbst erkennt auch die Nothwendigkeit einer Verbindung von Verstandeserkenntniss und intuitiver, d. h.
künstlerisch-philosophischer Erkenntniss an. „Vierf. Wurzel u. s. w." p. 77 fg. heisst es: „Sind es die Ursachen im
engsten Sinne, denen der Verstand nachspürt, dann schafft
er Mechanik, Astronomie, Physik, Chemie . . . stets aber
liegt (allerdings) . . . seinen Entdeckungen in letzter In-
stanz ein unmittelbares intuitives Auffassen der ursäch-
lichen Verbindung zu Grunde". Und was vom Gebiete der
reinen Causalität gilt, muss ebenso vom Gebiete der Moti-
vation gelten; auch hier tritt neben die reine Verstandeserkenntniss, welche von Ursache zu Ursache in infinitum
fortgeht, die intuitive Erkenntniss, welche mit einem Schlage,
den tiefsten Grund, das primum movens, die Idee eines
Dinges oder einer (sei es physischen, sei es geistigen) Entwicklung verfolgt; und dies auf allen Gebieten der Moti-
vation, Moral, Rechtslehre, Geschichte, Poetik, Drama, Epos.
(s. a. a. O.)

Ebenso spricht nicht nur die Vorliebe unseres Philosophen für Naturwissenschaften und naturwissenschaftliche
Argumentationen, sondern vor Allem der trotz der idea-
listischen Ausgänge unbezweifelbare immanente Charakter
seines Systems dafür, dass auch die Philosophie ihrerseits
der Benutzung exacter Forschung nicht entraten kann, und
dass mithin die Erkenntniss nach dem Satz vom Grunde
durchaus nicht in so schroffem Gegensatz zur genialen
Erkenntniss steht. In diesem Sinne sagt Sch.: „Wenn von
einem Objecte viele und mannigfaltige Beziehungen unmittelbar aufgefasst werden, so tritt aus diesen, immer deutlicher, das selbsteigene Wesen desselben hervor und baut
sich so aus lauter Relationen allmälig auf; wiewohl es selbst
von diesen ganz verschieden ist" (II 416); die auf diese
Weise aufgefasste Idee ist aus der Erkenntniss blosser Relationen hervorgegangen; sie ist das „Resultat der Summe
aller Relationen", der eigentliche Charakter des Dinges,

2

„der Wurzelpunkt aller Relationen" (a. a. O.) Auch andere Stellen beweisen die Abhängigkeit der aesthetischen Erkenntniss von der am Satz des Grundes sich orientirenden; so wenn Sch. (I 259) das Charakteristische der Thiergattungen sich nicht nur in der Gestalt, sondern in Handlung, Stellung und Gebärde aussprechen oder an derselben Stelle die wahre „Signatura rerum" durch die Beobachtung der Gestalten und des Thuns und Treibens der Thiere entziffert werden lässt. Noch deutlicher heisst es I 263/4: „Thier und Menschen bedürfen zur vollständigen Offenbarung des in ihnen erscheinenden Willens noch eine Reihe von Handlungen, wodurch jene Erscheinung in ihnen eine unmittelbare Beziehung auf die Zeit erhält."

Nur in den Relationen ist das Wesen eines Dinges zu erkennen: eine Pflanze ist nur zu verstehen im Zusammenhange mit Boden und Klima (II 462); ein Charakter vollends, wie ihn Drama und Epos oder eine Stimmung, wie sie das Lied darstellt, offenbart sich uns dem Wesen nach nur im Verlauf eines Entwicklungsprocesses. —

Wir erkennen mit Sch. an, dass eine Betrachtung, welche die Dinge nur in ihren äusserlichen Zusammenhängen sieht und den Quell- und Einheitspunkt der Relationen unerforscht lässt, nur Teile in der Hand hat, denen das geistige Band fehlt. Jede nicht-mechanische Betrachtung muss der Idee nachspüren, welche eine blosse Thatsachenfolge zu einem lebensvollen Thatsachenorganismus verbindet. Aber wir betonen der Schopenhauer'schen Auffassung gegenüber, welche häufig das Wesen und die Erscheinung und darum die geniale und die gewöhnliche Erkenntnis auseinanderreisst, den vitalen Zusammenhang, in welchem Wesen und Erscheinung und darum auch die beiden Erkenntnissweisen stehen. — —

Soviel über die Behauptung Sch's., dass das Subject der aesthetischen Contemplation von den individuellen Erkenntnissformen frei sei; die teilweise im Widerspruch mit Sch.'s Grundansichten gewonnenen Ergebnisse sind die folgenden: auch die individuelle Erkenntniss am Faden des Satzes vom Grunde kann von den trübenden Einflüssen des egoistischen Willens frei sein und 2) die Erkenntniss der Ideen ist von der Erkenntniss nach dem Satze vom Grunde abhängig. — —

Es ist noch die dritte derjenigen Bestimmungen übrig, welche das reine und das empirische Subject unterscheiden: „die Zeitlosigkeit". „Das erkennende Individuum als solches und das von ihm erkannte einzelne Ding sind immer irgendwo, irgendwann und Glieder in der Kette der Ursachen und Wirkungen" (I 211). Das heisst: als Individuen zeigen wir in unserer geistigen Eigenheit die Einflüsse unseres Vaterlandes, unserer Zeit, unserer specifischen geistigen Entwicklung, unserer angeborenen Anlage; wir sind unfrei, weil wir uns nicht aus dem Causalzusammenhange, durch welchen unser Wesen bestimmt ist, losreissen können. Alle Individualität ist Determination und Schranke. So lange wir als Individuen erkennen, bringen wir zu jeder geistigen Thätigkeit den ganzen Inhalt unserer individuellen und darum beschränkten Lebensanschauung, unseres geistigen Charakters mit. Das reine Subject der Erkenntniss hingegen ist aus allen jenen Formen des Satzes vom Grunde herausgetreten: die Zeit, der Ort, das Individuum, welches erkennt, haben für dasselbe keine Bedeutung; das reine „zeitlose" Subject der Erkenntniss ist so sehr in die Anschauung seines Objectes versunken, dass dasselbe „das ganze Bewusstsein erfüllt"; es ist „als ob der Gegenstand allein da wäre, ohne Jemand, der ihn wahrnimmt, und man also nicht mehr den Anschauenden von der Anschauung trennen kann, sondern beide eins geworden sind"; „das Subject ist der Gegenstand selbst geworden, indem das ganze Bewusstsein nichts mehr ist als dessen deutlichstes Bild" (I 210—212, 234). Im Augenblick der Contemplation sind wir nur noch „das Eine Weltauge", was aus allen erkennenden Wesen blickt, und wodurch aller Unterschied der Individualität gänzlich verschwindet (I 233). Um zur Contemplation zu gelangen, muss das Individuum sich selbst „verleugnen" (II 419).

Lassen wir zunächst einmal die zuletzt angeführten Stellen aus dem Auge, so erhellt, dass das zeit- und indi-

vidualitätslose Subject der aesthetischen Erkenntniss ein
absolutes, alle Individualität von sich ausschliessendes Allgemeinsubject ist. — Gegen die Möglichkeit einer solchen Verabsolutirung
des genialen Subjects spricht zunächst unsere gewöhnliche
Anschauungsweise mit starken Argumenten: Auch vom
Genie gilt, dass es die Resultante der ihm angeborenen An-
lagen und der auf ihn einwirkenden localen, temporären,
nationalen Einflüsse oder wie es einmal Lange in der Geschichte des Materialismus ausdrückt „die Summe von
Ueberlieferung und Erfahrung, von Gehirnconstruction und
Umgebung, von Gelegenheit und Studium, von Gesundheit
und Gesellschaft" ist. Alle diese Factoren geben dem genialen Individuum eine bestimmte, durchaus individuelle
Geistesfärbung, gleichsam einen „charakter indelebilis".
Ja man darf und muss behaupten, dass gerade das Genie
eine besonders charakteristische, prononcirte Individualität
besitzt, die seinen Werken den Stempel der Originalität
aufdrückt. Nach Sch.'s obigen Aeusserungen dagegen scheint
die Genialität vor allem die Fähigkeit einzuschliessen, alle
Individualität zu verbannen und im Momente der aesthetischen Contemplation nichts als der Spiegel des Objects
zu sein.

Auf der anderen Seite erkennt Sch. einen subjectiv-
empirischen Factor im aesthetischen Geniessen und Schaffen an.

Zur Lösung dieser Antonomie bedarf es einer in die
Tiefe der Schopenhauer'schen Kunstphilosophie hinabstei-
genden Betrachtung.

An bereits allegirter Stelle hörten wir, dass während
der aesthetischen Contemplation das anschauende Subject
mit dem angeschauten Object völlig eins geworden sei, so
dass nur der Gegenstand noch da zu sein scheine. Beden-
ken wir nun ausserdem, wie sehr Sch. dabei interessirt ist,
des „leidigen Selbst" loszuwerden, so dürften wir kaum
irre gehen, wenn wir den Zustand der aesthetischen Contemplation als jenes mystische Sichversenken in die Natur
auffassen, welches bei allen Mystikern und mystisirenden

Philosophen als höchste Seligkeit gilt; von dem z. B. Hölderlin-Hyperion berauscht ist: „Eins zu sein mit Allem, das ist Leben der Gottheit, das ist der Himmel des Menschen. Eins zu sein mit allem, was lebt; in seliger Selbstvergessenheit wiederzukehren ins All der Natur, das ist der Gipfel der Gedanken und Freuden". Subject und Object gehen eine unio mystica ein. (Vergl. hierzu W. a. W. u. V. I 213 u. I 243.) Das individualitätslose Subject des Erkennens aber kann für Sch. nur der Eine Urwille sein, der um sich selbst zu objectiviren und sein Wesen zu erfassen, in Subject und Object auseinandertritt; er geht zunächst in die allgemeinste Form des Erkennens, des Object-für-ein-Subject-sein ein und gelangt so zu Einer Idee seiner selbst. „Ein Wesen ist es im Grunde, das sich selbst anschaut und von sich angeschaut wird" (II 21); erkennendes Subject und erkanntes Object sind ihrem Wesen nach einander gleich. Als erkennendes Subject ist der Wille Ursubject, sein Object ist die Idee des Willens (I 212/3). — Anmerkungsweise machen wir bereits hier darauf aufmerksam, dass durch diese Ausführung Sch.'s ganze Ideenlehre in ihrem Fundament erschüttert wird.

Auf das Ursubject passen alle jene dem Subject der aesthetischen Erkenntniss zuertheilten Praedicate: „rein, schmerzlos, zeitlos, willenlos".

Indess ist diese Auffassung, so folgerichtig sie sich auch aus seinem System ergibt, von unserem Philosophen nie deutlich ausgesprochen; sie scheint nur hier und da, gleichsam als eine Geheimlehre, durch Verhüllungen hindurch. Sie erweist sich auch in der That für die Erklärung der künstlerischen Production als gänzlich unbrauchbar: denn zwischen jenem Versunkensein in das All und dem werkthätigen Schaffen des Künstlers besteht so wenig eine Verbindung wie zwischen dem Traum und dem handelnden Leben. Vermittelnd tritt hier die Platonische Ideenlehre ein: die Objecte der künstlerischen Contemplation sind die Ideen im Platonischen Verstande des Wortes; ihre Verkörperung und Darstellung ist die Aufgabe der künstlerischen Thätigkeit.

Das Subject, welches die Ideen erkenut oder, um Sch.'s eigenen Ausdruck zu verwerten, „der Träger der Welt der beharrenden Ideen" ist, beharrt in ewiger Sich-selbstgleichheit, ist das ewige Weltenauge, welches aus allen lebenden Wesen sieht. Ueberhaupt gelten von eben diesem Subject alle jene Prädicate, welche unserer Meinung nach eigentlich nur dem Ursubject zukommen durften.

Die Objecte dieses Subjects sind mannigfaltig: die Ideen, in welchen sich der Wille adaequat manifestirt; das Subject dagegen ist ein Eines, mit sich identisches, unver-änderliches. Daher ist es geradezu eine contradictio in adjecto, wenn Sch. der Charakteristik des reinen Erkennt-nissubjectes als „des ewigen Weltauges" die Clausel beifügt, „welches, wenn auch mit sehr verschiedenen Graden der Klarheit, aus allen lebenden Wesen sieht." Solange das Weltauge noch nicht mit voller Klarheit sieht, und das reine Subject nicht immer dasselbe, jede Unterscheidung von sich ausschliessende Allgemeinsubject ist, kann von reiner Erkenntniss nicht die Rede sein, ist das Weltauge nicht Weltauge, das reine Subject nicht rei-nes Subject. Alle Differenz des Subjects beruht auf der empirischen Individualität, das geniale Subject als solches ist schlechthin individualitätslos; in seiner Ewigkeit und Unveränderlichkeit entspricht es der Ewigkeit und Unver-änderlichkeit der Ideen.

So charakterisirt bildet das Subject der aesthetischen Contemplation einen reinen Gegensatz zum empirischen Invidualsubject. Um zur Erkenntniss der Ideen zu gelan-gen, muss das Subject alles, was in ihm inviduell ist, ver-nichten und abtöten.

Die künstlerische Erkenntniss hat zur unumgänglichen Bedingung einen völligen Bruch im Subject. In dem Au-genblicke, wo wir, vom Wollen losgerissen, uns dem reinen Erkennen hingeben, treten wir gleichsam in eine andere Welt, wo alles, was unseren Willen bewegt und erschüttert, nicht mehr ist. Das Freiwerden der Erkenntniss hebt uns aus dem Allen so ganz heraus, wie der Schlaf: Glück und

Unglück sind verschwunden; wir sind nicht mehr Individuum (I 233).

Hier macht sich die Folge der Gleichsetzung von Interesselosigkeit und Individualitätslosigkeit geltend; weil das Subject willenlos sein soll, muss es von allem concreten Gehalt entleert sein; unser Selbst, die Quelle des nimmer befriedigenden Wollens, der Sitz des Lebenswillens ist das radicale Böse und darum schlechtweg zu verneinen.

Jener schroffe Gegensatz von Individual- und Allgemeinsubject bringt nun aber die Schopenhauersche Kunstphilosophie in die bedenklichsten Schwierigkeiten; denn er macht eine Relation zwischen den beiden so ganz heterogenen Subjecten unmöglich; diese Relation aber bedarf Sch. natürlich zur Erklärung der einzelnen aesthetischen Vorgänge:

Das Erhabene, so explicirt Sch. I § 39, oder richtiger das Gefühl des Erhabenen kommt dadurch zustande, dass der Betrachter sich mit Bewusstsein und „gewaltsam" von dem feindlichen Verhältniss des contemplirten Objects zu seinem Willen abwendet und sich der reinen Erkenntniss der Idee hingibt. Beim Schönen gewann das reine Erkennen ohne Kampf die Oberhand; der Wille und die seinem Dienste fröhnende Erkenntniss verschwand ohne Widerstand und so unmerklich aus dem Bewusstsein, dass nicht einmal eine Erinnerung an den Willen nachblieb; beim Erhabenen hingegen wird der Zustand der freien Erkenntniss erst durch ein bewusstes und „gewaltsames" Losreissen erreicht. Und zwar muss diese Erhebung nicht nur mit Bewusstsein gewonnen, sondern auch erhalten werden und ist daher von einer steten Erinnerung an den Willen begleitet. So Sch.'s Erklärung, die offenbar der Kantschen nachgebildet ist. Aber man sieht ohne weiteren Commentar, dass sich der Philosoph die Möglichkeit so zu erklären durch die schroffe Antithese des empirischen und des reinen Subjects abgeschnitten hat. Das reine Subject ist gänzlich unfähig, eine Erinnerung an den Willen oder, was damit für Sch. identisch ist, das Individuum zu haben; denn es ist ja nichts als das Bild des Objects; eine Erinnerung an das Indivi-

duum und die ganze mit dem Individuum gesetzte Misère
des Daseins würde, müsste ihm Schmerz und Unruhe berei-
ten; es hörte auf „schmerzlos" zu sein. Sch. erklärt das
Erhabene mittelst des Contrastes zwischen der Unbedeut-
samkeit und Abhängigkeit unserer individuellen Existenz
und dem hohen Werthe und der Unveränderlichkeit, deren
wir uns in der aethetischen Contemplation bewusst werden.
Allein es fehlt ihm das Subject, welches diesen Contrast in
sich empfinden, welches sich zugleich als vergängliches Individuum und als ewiges Gemeinsubject fühlen und mit
Faust sagen könnte: „Ich fühle mich so klein so gross".
Sch. selbst bemerkt (I 241,2) dass das Erhabene durch „eine
Duplicität des Bewusstseins" entstehe; allein er nimmt keinen Anstand daran, dass sich der Betrachter z u g l e i c h
als empirisches und als reines Subject fühlen soll; er verkennt, dass „die Duplicität" ein unversöhnlicher Dualismus,
ein unausgleichbarer Hiatus ist.

Auch für Sch. ist wie für Kant eigentlich nur das sich
erhebende Subject erhaben; das Objekt kann nur zufolge
„einer gewissen Subreption" erhaben heissen. Das Gefühl
des Erhabenen ist nach Kant reflexiv und besteht in der
Achtung für unsere moralische Bestimmung; diese moralische Bestimmung aber wurzelt in unserem überempirischen
Ich, welches seinerseits mit unserem empirischen Subject
identisch ist (Vergl. Zimmermann: Geschichte der Aesthetik p. 660 ff.). Kant wahrt mithin die Einheit des Subjects.
Bei Sch. hingegen entspringt das Gefühl des Erhabenen
daraus, dass wir im Bewusstsein: „tat twam asi" mit dem
Object eins werden; um aber zu diesem Bewusstsein zu gelangen, müssen wir uns unseres Selbsts entäussern; damit
entsteht jene schroffe Kluft zwischen dem „entselbsteten"
Allgemeinsubject und dem empirischen Subject, welche die
Erklärung des Erhabenen unmöglich macht. Bei Kant der
bewegte Gegensatz zwischen der niederen (sinnlichen) und
der höheren (vernünftigen) Seite des Subjects, bei Sch. der
Gegensatz zwischen zwei durchaus verschiedenen Subjecten, die sich geradezu nichts angehen.*)

*) Siehe Anmerkung Seite 25.

Dieselbe Notwendigkeit, eine Relation zwischen dem Individualsubject und dem reinen Subject annehmen zu müssen, besteht für Sch. auch in anderen Fällen, bei denen darum immer derselbe Mangel wiederkehrt. Die Erklärung des Schönen freilich scheint jenen Einwurf nicht fürchten zu müssen, da ja beim Schönen keine Erinnerung an den Willen nachbleibt. Allein nur scheinbar; denn die Behauptung, dass beim Schönen die Erinnerung an das Individuum völlig schwindet, collidirt mit der Annahme, dass das Wohlgefallen am Schönen zum Teil aus dem Ruhegefühl sich erkläre, welches das reine Subject nach der Beschwichtigung des eigenen Willens empfindet (I 258); dieser Beschwichtigung aber kann das Subject eben nur dann inne werden, wenn es zuvor die Unruhe des Wollens, oder mit andern Worten, wenn es sich

*) Anmerkung. Anhangsweise mögen hier noch einige andere Ausstellungen an Sch.'s Erklärung des Erhabenen Platz finden, die sich in den fortlaufenden Text der Abhandlung nicht ohne eine störende Unterbrechung einfügen liessen. 1) Es ist ungenau, wenn Sch. I 237 den Uebergang vom Schönen zum Erhabenen dadurch zu bewerkstelligen sucht, dass er eben dieselben Gegenstände, welche durch die Bedeutsamkeit und Deutlichkeit ihrer Formen uns die Erhebung zur reinen Contemplation erleichtern und darum schön heissen, ein feindliches Verhältniss gegen den menschlichen Willen gewinnen lässt. Denn viele erhabenen Gegenstände wie z. B. ein Gewitter oder ein Sturm sind durchaus formlos. 2) Sch. adoptirt die Kant'sche Distinction des dynamisch und des mathematisch Erhabenen; aber es ist klar, dass er nur von dem dynamisch Erhabenon reden kann; denn nur ein Dynamisches kann gegen die δύναμις des menschlichen Willens ein feindliches Verhältniss haben. 3) Endlich lässt der Versuch Sch.'s, seine Erklärung des Erhabenen auch auf die Erhabenheit des Charakters zu übertragen eine empfindliche Lücke, indem das Erhabene der That aus der gegebenen Definition herausfällt und blos das Erhabene der Ruhe Berücksiehtigung findet. Der erhabene Charakter nämlich entspringt nach Sch. daraus, dass der Wille nicht erregt wird durch Gegenstände, welche allerdings geeignet wären, ihn zu erregen, sondern das Erkennen auch dabei die Oberhand behält. (I 244.) Hier rächt sich der oben angeführte Mangel, dass Sch. das erhabene Subject als absolut willenlos bezeichnet. Bei Kant ist das Gefühl des Erhabenen ein Kraft- und Freiheitsgefühl, welches wir nicht nur in der Phantasie erfahren (wie beim Erhabenen im gewöhnlichen Sinne), sondern auch durch die That praktisch bewähren können.

selbst als Individuum gefühlt hat. Also auch hier der obige Widerspruch. — Einer Erinnerung an das eigene Selbst bedarf es ferner auch zur Erkenntniss der Ideen. „Die Ideen offenbaren, so heisst es II 417, noch nicht das Wesen an sich, sondern nur den objectiven Charakter der Dinge, also immer nur die Erscheinung"; doch wäre auch dies nicht möglich, wenn uns das in jenen Charakteren erscheinende Grundwesen nicht anderweitig, nämlich ausserhalb des Verhältnisses von Subject und Object im Gefühl bekannt wäre. Nur sofern das erkennende Subject Individuum und dadurch ein Teil der Natur ist, vermag es ins Innere der Natur zu dringen; im individuellen Selbstbewusstsein offenbart sich das Ansich der Dinge am unverhülltesten. Nur indem wir den Schlüssel, welchen uns die unmittelbare Erkenntniss unseres eigenen Wesens gibt, an die Ideen legen, erschliesst sich uns deren wahre Wesenheit (I 140). Darum ist es unmöglich, dass das sub specie idearum contemplirende Subject kein Bewusstsein seines Ichs hat, sondern nur Träger des Bewusstseins anderer Dinge ist; wir verstehen die Objecte nicht, wenn wir blos von ihnen und nicht von uns wissen.

Vor allem aber kann Sch. bei der schlechthinigen Entgegensetzung des reinen und des empirischen Subjects gar nicht die künstlerische Production erklären; ein Hinüberführen der Idee in den empirischen Darstellungsstoff ist bei jener Voraussetzung unmöglich. Sch.'s Künstler wird nicht nur klagen: . . . „dem Herrlichsten, was auch der Geist empfangen, drängt immer fremd und fremder Stoff sich an", sondern er wird überhaupt gar nicht aus dem reinen Aether der Ideen in die erdschwere Stoffwelt hinabzusteigen vermögen. Das genial contemplirende Subject ist ja z. B. von dem mit Händen bildenden toto coelo verschieden. Es fehlt bei Sch. (Schellingisch zu sprechen) „die werkthätige Wissenschaft", welche zwischen dem im reinen Intellect entworfenen Urbilde und der Erscheinungsform des Urbildes vermittelt und so das Band bildet zwischen dem Wesen, welches die Idee „der unsinnlichen Schönheit" fand und dem, welches sie versinnlicht und versinnbildlicht.

Demgemäss tritt in Sch.'s Kunstphilosophie der Künstler hinter dem das Schöne in Natur und Kunst contemplirenden Zuschauer, und das künstlerische Schaffen hinter dem künstlerischen Contempliren zurück.

Ebenso lässt Platon in der bekannten Seelenleiter des Phädrus diejenige Seele, welche das Meiste erschaut hat, bei der Incarnation in die Körperwelt zur Erzeugung eines Weisheitsliebenden, eines Musenlieblings oder für die Schönheit Empfänglichen ($\varphi\iota\lambda\acute{o}\varkappa\alpha\lambda o\varsigma$) taugen; der Dichter dagegen rangirt zusammen mit „$\tau\tilde{\omega}\nu$ $\pi\varepsilon\varrho\grave{\iota}$ $\mu\acute{\iota}\mu\eta\sigma\acute{\iota}\nu$ $\tau\iota\varsigma$ $\check{\alpha}\lambda\lambda o\varsigma$" unter dem Seher und Mysten und in die unmittelbare Nachbarschaft des für ein landmännisches und werkmeisterliches Leben Geeigneten. Nun hat ja zwar diese Geringschätzung des Künstlers ihren Grund darin, dass derselbe nach Plato nicht die Idee, sondern das Einzelding nachahmt, während Sch. gerade in die Nachahmung der Idee die Aufgabe der wahren Kunst setzt; allein wir werden sehen, dass auch für Sch. der Kunstgenuss nur dadurch möglich wird, dass der Betrachter sich vom Einzeldinge, welches immer nur Einzelding bleibt, wegwendet und zur Contemplation der Ideen aufschwingt.

Am nächsten berührt sich Sch. aber in diesem Punkte mit Fichte; dieser nämlich unterscheidet das Genie, dessen Begriff er übrigens ganz nach dem des Instinctes bildet, gerade dadurch von dem Kunsttriebe der Thiere, dass letzterer mit dem practischen Triebe zusammenfällt, das Genie hingegen nur auf die Erzeugung von Vorstellungen gerichtet und nur so lange befriedigt ist, als nicht der Wunsch, die im Geiste entworfenen Gestalten zu verkörpern, störend in die reine Vorstellungsbildung eingreift (Vergl. Zimmermann a. a. O. p. 562). Sch. würde etwa sagen müssen: „sobald in die selige Ruhe der Contemplation der Wunsch, die Idee darzustellen, eindringt, wird die Erkenntniss mit Willen „inquinirt und verunreinigt". Freilich führt diese dem künstlerischen Schaffen abgeneigte Beschaulichkeit am Ende zu „hindostanischer Thatlosigkeit", ein Resultat, dem natürlich jede Kunstphilosophie schon im Interesse ihrer Selbsterhaltung ausweichen muss. —

Aus der ganzen Reihe der angeführten Argumente geht sattsam hervor, dass die Schopenhauer'sche Kunstphilosophie an den verschiedensten Stellen eine Einheit und thätige Wechselbeziehung von Individuum und reinem Erkenntnissubject zur unausweichlichen Bedingung hat, dass mithin die schroffe, das Subject zerklüftende Antithese von Individuum und Allgemeinsubject aufgegeben werden muss. Das geniale Subject erfasst sein Object nicht als reines, jeden concreten Inhaltes baare Subject, sondern mit der Totalität seiner Kräfte und mit der praegnanten Einheit seiner Individualität; es verliert sich nicht in und an den Gegenstand, sondern appercipirt ihn „in einen bereits bestehenden Vorstellungskreis"; es geht nicht im Object auf, sondern zwingt das Object in ihm aufzugehen. Es ist nicht nur der Spiegel, welcher sein Object reflectirt, sondern ein geistiger Organismus, der sich das Object assimilirt. Nicht erst bei der Verkörperung der Ideen im sinnlichen Stoff, sondern schon bei der Contemplation selbst machen sich die individuellen Unterschiede der Künstler geltend. Die poetische Idee entspringt „aus der Wechselwirkung aller Elemente des individuellen Geistes; sie quillt aus der gesammten geistigen Organisation des Menschen". Vom künstlerischen Hervorbringen gilt im eminenten Sinne Hamanns bekanntes Wort: „Alles, was der Mensch zu leisten unternimmt, es werde nun durch That oder Wort oder sonst hervorgebracht, muss aus sämmtlichen vereinigten Kräften entspringen".

Dasselbe aber, was vom producirenden Genie gilt, erleidet auch auf den geniessenden Betrachter Anwendung; auch er bringt einen vollen Bewusstseinsgehalt zur Contemplation des Schönen mit. —

Bei dieser Gelegenheit mag auch darauf hingewiesen werden, dass nur bei der von uns vertretenen Auffassung dem aesthetischen Genusse ein Factor erhalten bleibt, welchen, mit Fechner zu reden, die gesammte „Aesthetik von oben", d. h. die deducirende, speculative Aesthetik ebenso allgemein verwirft, als die gemeine Anschauung und die spärlichen Versuche „der Aesthetik von unten" ihn für das

Wohlgefallen am Schönen als Coefficienten fordern; wir meinen den associativen Factor. Selbstverständlich kommt derselbe nicht in einer Metaphysik des Schönen zur Geltung, für welche das Bewusstsein des contemplirenden Subjects nichts als das Bild des Gegenstandes, der Beobachter der Gegenstand selbst geworden ist, und für welche die schöpferische Genialität und die aesthetische Contemplation in den Ideen ein ausser allen Relationen stehendes, ewiges, absolutes Object besitzt. Daher können wir es verstehen, wenn Sch. bei Gelegenheit der aesthetischen Würdigung der Gothik alles auf Gedankenassociationen und historischen Erinnerungen beruhende Wohlgefallen als ein der Kunst fremdes Gefühl von der aesthetischen Betrachtung verbannt wissen will; (II 475) und wenn er dem Anblick einer Ruine nur insoweit aesthetischen Werth beimisst, als sie den Sieg der Schwere über die Starrheit, d. h. eine Relation zweier Ideen darstellt.

Man sieht jedoch leicht ein, dass unser Wohlgefallen an Ruinen nicht zum geringsten Teil aus den Vorstellungen entsteht, welche sich an den Anblick des verfallenden Gemäuers als des einstigen Wohnsitzes blühender Geschlechter associiren, oder anders gesagt, aus dem freien Spiel, welches die Phantasie bei dieser Gelegenheit treibt.

Natürlich sind wir nicht der Ansicht, jedwede individuelle Vorstellungsassociation dürfe als „Hilfe" des directen Eindrucks gelten; wir möchten nur durch unsere von der Schopenhauerschen divergirende Charakteristik des aesthetischen Subjects für diejenigen Associationen Raum geschafft haben, welche mit einer relativen Notwendigkeit gleichsam mechanisch entstehen und als Gegenstände eines unmittelbaren Wohlgefallens aesthetische Dignität haben. —

Wir polemisiren gegen die Entindividualisirung des aesthetisch contemplirenden Subjects; damit aber soll keineswegs die schlechthinige Individualität zum Masse des Schönen gemacht werden; ebenso stark wie die individuelle Seite des Subjects betonen wir auch die allgemeine. Nur dasjenige Individuum ist zu genialer Production geschickt, das seine Individualität mit dem allgemein Menschlichen ausgesöhnt hat. Fehlt beim Künstler das universelle Moment, so gelangt man zum romantischen Ideal, welches dem Doctrinär der Romantik zufolge den Durchbruch des Universellen im Einzelnen nicht verlangt und sich daher durch eine an Indifferentismus grenzende Toleranz kennzeichnet. Vielmehr muss der Künstler, ohne seine Individualität daran zu geben, sein Selbst zum Selbst der Menschheit erweitern. Nicht Aufhebung des Individuums in ein abstractes Allgemeinsubject, das ja immer nur ein Postulat, eine Idee bleibt, sondern Versöhnung und Harmonie des Individuell-persönlichen und des Allgemein-menschlichen ist das Kennzeichen wahrer Genialität. Anders gesagt: der allgemeine, auf das Ewige gerichtete Geist muss sich so mit der Künstlerindividualität verbinden, dass (wie W. v. Humboldt in seiner Abhandlung über Hermann und Dorothea ausführt) im einzelnen Kunstprodukt das Universelle, im Endlichen das Unendliche, im Individuum die Idee zur Erscheinung kommt. So entstehen Gestalten „so wahr und individuell, als nur die Natur und die‘ lebendige Gegenwart sie zu geben und zugleich so rein und ideal, als die Wirklichkeit sie nie darzustellen vermag.“ (Vergl. Zimmermann a. a. O. p. 529.)

Indem wir das Subject der aesthetischen Contemplation nicht aus der Kette der Ursachen und Wirkungen herausheben, verflechten wir es mit der gesammten Culturbewegung derjenigen Periode, in welcher es steht. Auch lassen wir damit das absolute von aller Entwicklung unabhängige Schönheitsideal zu Gunsten eines unendlichen Erscheinungsprocesses des Schönen fallen.

Die Vernachlässigung der historischen Betrachtungsweise hängt bei Sch. (s. u.) damit zusammen, dass er die Aufgabe der Kunst mit der der Philosophie identificirt: „das Rätsel des Daseins zu lösen“; die Philosophie aber ist ihm natürlich eine absolute, allen Entwicklungsbedingungen enthobene Wissenschaft. Allein die Geschichte der Philosophie zeigt, dass selbst die Philosophie nicht ausserzeitlich ist und nicht darüber hinauskommt, den Gesammtgehalt, gleichsam die Gedanken einer Periode auf eine Formel zu bringen, das Geheimniss ihrer Zeit auszusprechen. Der Künstler

vollends, welcher die Idee in ihrer Erscheinung darstellt,
wird auf eine allgemein giltige Lösung der Probleme des
Lebens verzichten und sich damit begnügen, die Formen
des Daseins „in flüchtigem Bilde" darzustellen, in welchen
seine Zeit sich auslebt. Dieser Verzicht sichert ihm aber
auf der andern Seite den hohen Vorzug, durch die unmittelbare Wahrheit seiner Schöpfungen auf sein Publicum unmittelbar wirken zu können.

Nachdem im Bisherigen gegen die Annahme eines reinen, willenlosen, zeitlosen Subjects gestritten ist, bleibt
noch anzumerken, dass sich bei Sch. selbst einige Ansätze
finden, an welche unsere Auffassung anknüpfen kann. Um
diese Punkte zu finden, gehen wir auf Sch.'s Bemerkungen
über die Phantasie und die Intuition etwas näher ein.

Diejenige Erkenntniss, durch welche das reine Subject
der Contemplation die Ideen auffasst, bezeichnet Sch. als
„Anschauung", cognitio intuitiva und erinnert dabei an
Spinozas „tertium genus cognitionis"; nähere positive Bestimmungen fehlen; dagegen wird häufig der Gegensatz
gegen die abstracte Erkenntniss, wie überhaupt gegen die
Erkenntniss nach dem Satze vom Grunde hervorgehoben.
Nach Analogieen und vor Allem nach dem Platonismus des
Systems zu urtheilen ist die Intuition eine Art von „Hell-
sehen", zu welchem das Subject gelangt, wenn es sich und
seine Leiblichkeit ganz vergisst und in die Anschauung des
Objects versinkt. Aehnlich lässt Plato die Idee durch ein
seherisches Ahnen erkannt werden. Mit Plato berührt
sich Sch. auch darin, dass er eine nahe Verwandtschaft der
Genialität mit dem Wahnsinn statuirt. Der Wahnsinnige
erkennt (s. I 228) zwar das Gegenwärtige, auch manches
einzelne Vergangene richtig, er verkennt dagegen den Zusammenhang, die Relationen der Dinge; ebenso lässt der
Geniale, um das anschaulich sich aussprechende Eigenwe-
sen der Dinge zu erkennen, den Zusammenhang derselben
aus den Augen. Hierin liegt der Coincidenzpunkt der beim
genialen Contempliren eintretenden und der Wahnsinns-
Phänomene. Ebenso, ja noch bestimmter sagt Plato, dass
die Erkenntniss der höchsten Güter uns nur durch einen

von den Göttern verliehenen Wahnsinn zuteil wird und parallelisirt den Wahnsinn des von den Musen Ergriffenen mit dem Wahnsinn der Schwärmer und Seher.

Nach Plato bringt die Seele die Ideen bereits als einen angestammten, aus ihrem praeexistenten Urzustand überkommenen Besitz mit auf die Welt; zum lebendigen Gute wird ihr dieser an sich noch tote Besitz erst dadurch, dass sie sich an den Dingen der Erscheinungswelt der Ideen erinnert.

Ein Seitenstück hierzu ist es, wenn Sch. (I 261 ff.) im Gegensatz zu der vom Xenophontischen Socrates vorgetragenen, später von der Rafael Mengs'schen Schule wiederholten Ansicht, als bilde der plastische Künstler seine Gestalten durch Zusammensetzung „der einzelnen an verschiedene Menschen verteilten schönen Teile" (der „disjecta membra" der Schönheit) — die Erkenntniss des Schönen a posteriori und aus blosser Erfahrung für unmöglich hält; sie ist vielmehr immer, wenigstens zum Teil, a priori und beruht „auf einer ahnenden Anticipation" (I 262/3), zufolge deren wir die wahre Absicht und den Sinn der Natur, d. h. die Idee, welche sie in der Erscheinungswelt darstellen wollte, verstehen. Nur vermöge dieser Anticipation kann der Urtypus der Schönheit gefunden und das Schöne da, wo es der Natur im Einzelnen wirklich gelungen ist, erkannt werden; die Anticipation liefert das Urbild, nach welchem die in der Natur gegebene Schönheit beurtheilt, beziehungsweise geschaffen wird. Nach Schopenhauer— Plato liegen die Ideale, d. h. die Ur- und Musterbilder, nach welchen die plastische Natur schafft, die aber bei der Verendlichung der Trübung und Verstümmlung unterliegen, a priori im Künstler praeformirt, so dass alle Kunst nur eine Nachahmung dieser Archetypen, freilich, im Gegensatz zur Nachahmung der sinnlichen Einzeldinge, eine Nachahmung erster Potenz ist. Der Künstler schafft dem unendlichen Verstande nach. Dies aber, so interpretirt Sch., ist darum möglich, weil der Künstler das Ansich der Natur, der sich objectivirende Wille selbst ist (I 262), mit anderen Worten, weil dieselbe Naturkraft, welche die Sinnenwelt schafft, auch im Künstler thätig ist. Wir berühren hiermit die Naturseite des Genius, den künstlerischen Trieb. Die Untersuchung des Geschmacksurtheils nach den Kategorien der Quantität und Modalität ergab für Kant die Allgemeinheit und Nothwendigkeit desselben. Diese Allgemeinheit aber war keine logische, auf einen Begriff vom Gegenstande gegründete, sondern eine rein subjective, nur unter der Annahme eines Gemeinsinns für das Schöne denkbare. Die wahre Natur dieses Gemeinsinns enthüllte sich bei den Fortbildnern der kritischen Philosophie; am deutlichsten bei Fichte, welcher den Begriff des Genies (s. o.) und damit den des Geschmacks durch Recurs auf den Instinct bestimmte; wie im Instinct die niedere und individuelle Natur zum Durchbruch kommt, so im künstlerischen Triebe der höhere, wahre, universelle Mensch („das überempirische Ich; das Ich der Gattung"). Der geniale Mensch, welcher in der Stunde der Begeisterung aus der Tiefe seiner Natur heraus mit der Unfehlbarkeit des Triebes das Schöne erschafft, repräsentirt den Universalsinn der Menschheit. (Vergl. Zimmermann: a. a. O. p. 552 ff.) — Eine ähnliche Auffassung sprechen die oben angeführten Worte Sch.'s aus (I 262).

Jedenfalls ist für Sch. das geniale Subject der Allgemeingiltigkeit und Absolutheit seiner Ideale gewiss, denn es ist von der Erfahrung unabhängig.

So verläuft im Grossen und Ganzen die an den Begriff der Intuition sich anschliessende Gedankenreihe.

Könnte es hiernach scheinen, als gelange der Künstler und der Zuschauer mühelos zu seinen Ideen, so weist eine andere Gedankenfolge, welche sich mit der obigen kreuzt, auf eine Mitwirkung und Thätigkeit des Subjects hin, und zwar, wohl zu verstehen, des empirischen Subjects. Jeder, der ein Kunstwerk betrachtet oder ein Gedicht liest, führt Sch. aus, muss „aus eigenen Mitteln" beitragen, die verborgene Weisheit jener Producte des Genies zu Tage zu fördern; er fasst nur soviel davon, als seine Thätigkeit und Bildung zulässt. Ebenso bemerkte Sch. an einer oben angeführten Stelle, dass das Weltauge „mit verschiedenen Gra-

den der Klarheit" aus allen erkennenden Wesen sieht. Die
Mitwirkung des Beschauers aber beruht zum Theil darauf,
dass „jedes Kunstwerk nur durch das Medium der Phantasie wirken kann" (II 465). Mit dem Begriffe der Phantasie
sind demnach die Unterschiede in der Auffassungs- und
Genussfähigkeit des Beschauers gesetzt. Der Grund dieser
Unterschiede kann nicht in den durch ahnende Anticipation
aufgefassten Ideen liegen, da ja (s. I 162) alle Künstler und
Kenner in gleicher Weise „das Ansich der Natur" sind,
sondern nur in der grösseren oder geringeren Erfahrung,
mithin in einem empirischen Elemente. Die Ideen liegen
als apriorische von der Erfahrung unabhängige Formen im
Bewusstsein, aber die Klarheit, mit welcher das Subject sie
erkennt, hängt von dem Reichtum der sinnlichen Anschauung ab. Damit aber ist in Sch.'s eigenen Ansichten der
oben erwähnte Anknüpfungspunkt für die Behauptung gegeben, dass das reine Subject der aesthetischen Erkenntniss
nur ein Postulat ist.

In diesem Sinne gesteht Sch. (II 478/9) zu, dass die
Anticipation der Ideale „dennoch der Erfahrung bedarf, um
durch sie angeregt zu werden". Obwol Künstler und Dichter nicht nach der Erfahrung und den empirischen Notizen
arbeiten, sondern nach dem klaren Bewusstsein des Wesens
der Dinge, so dient doch diesem Bewusstsein die Erfahrung
zum Schema, gibt ihm Anregung, Uebung, Leben, Bestimmtheit und Umfang (p. 479). Die Natur hält dem Künstler
ihre mehr oder weniger glücklichen Schöpfungen vor, fragt
ihn damit gleichsam um sein Urteil und ruft so, nach Socra-
tischer Methode, aus jener dunklen und dumpfen Anticipation
die deutliche und bestimmte Erkenntniss des Ideals hervor.

Damit aber wird die ahnende Anticipation des Schönen
zu einem Sinn, einem Gefühl, einem Tact für das Schöne,
der sich umsomehr entwickelt und zur genialen Production
befähigt, je mehr er sich an der empirischen Wirklichkeit
orientirt; zur reinen und adäquaten Darstellung der Idee
gelangt der Genius erst dann, wenn seine Erfahrung die
Totalität der Erfahrungswelt umspannt; eine natürlich un-
erfüllbare Bedingung.

Indes ist die Abhängigkeit der reinen Erkenntniss von der Erfahrung nicht so zu verstehen, als ob der Künstler nur dasjenige erkenne, was ihm seine fünf Sinne bieten; das hiesse ein wesentliches Moment der genialen Begabung ausser Acht lassen, die Phantasie.

Die Phantasie ist nach Sch. (I 221 fg.) dasjenige Vermögen, welches das in der Causalitätsverkettung steckende und darum unfreie Individuum befähigt, seine Anschauung über das ihm durch die wirkliche Erfahrung gegebene und meistens quantitativ und qualitativ unvollkommene Material zu erweitern. Ohne die ergänzende Phantasie würde die Erkenntniss des Genius auf die Ideen der seiner Person wirklich gegenwärtigen Objecte beschränkt und daher von der Verkettung der Umstände, welche ihm diese Objecte zuführten, abhängig sein. Mit Hilfe der Phantasie dagegen erweitert er seinen Horizont weit über seine directe Erfahrung und construirt aus dem Wenigen, was in seine wirkliche Apperception kommt, das Uebrige. Dies gilt nicht nur von der Zahl, sondern auch von der Beschaffenheit der Ideen. In der empirischen Erfahrung stellt sich die einzelne Idee insgemein nur durch sehr mangelhafte Exemplare dar; die Phantasie reconstruirt das durch die Verkörperung verloren gegangene Ideal.

Hiernach könnte es freilich scheinen, als sei die Phantasie ein absolutes von dem Erfahrungsreichtum gänzlich unbeeinflusstes Vermögen, das den einmal damit Begabten zur adäquaten Erkenntniss der Ideen führen müsste: ein Vermögen der Totalität. Indes zeigt der thatsächliche Verhalt (und Sch. wird dies nach seinen eigenen obigen Zugeständnissen sowie nach dem immanenten Charakter seiner Philosophie einräumen), dass die reichste Phantasie alsbald in die Luft construirt und zur Phantastik führt, wenn sie sich nicht an die Erfahrung bindet, und dass derjenige Künstler, welcher seiner Einbildungskraft durch Reisen, geschichtliche Forschungen, Naturbeobachtungen u. s. w. wirkliche Anschauung gewährt hat, weit mehr der Natur der Dinge gerecht wird, als derjenige, welcher im Vertrauen auf die Omnipotenz seiner Phantasie sich mit kärglicher

3*

Erfahrung begnügt. Die beste Illustration zu dieser Behauptung bildet der geistige Entwicklungsgang Schillers. Der Grund aber, warum Sch. diese Bedeutung der Erfahrung verkennt, liegt darin, dass Sch.'s ganze Aesthetik vom Platonismus oder, was dasselbe besagt, von der Plastik ausgeht. In der Plastik genügt auch eine geringere Erfahrung, um zu einem Typus menschlicher Schönheit zu gelangen; dagegen befähigt zum vollen Verständniss derjenigen Ideen, welche die Dichtkunst darstellt, nur die reichste, durch die blühendste Phantasie nicht zu ersetzende Erfahrung. Vergl. hierzu W. a. W. u. V. II 484.

Wir sind am Ende des ersten Theils unserer Untersuchung; der Zweck der geübten Kritik war, um es kurz zu sagen, kein anderer als der, die Absolutheit derjenigen Attribute als unmöglich erscheinen zu lassen, welche Sch. dem Subject der aesthetischen Erkenntniss gibt: „rein, willenlos, zeitlos". Der zweite und kürzere Teil der Arbeit hat es mit dem Correlat des reinen Subjects, den Ideen, zu thun.

Der Begriff der Schopenhauerschen Ideen soll nach den Versicherungen des Philosophen der genuin Platonische sein. Schon oben sahen wir, dass die Ideen die Objectivationsstufen sind, auf welchen, mit gradweise steigender Deutlichkeit und Vollendung, das Wesen des Willens in die Vorstellung tritt, d. h. sich als Object darstellt. Die niedrigsten Stufen der Objectivation des Willens sind die allgemeinsten Kräfte der Natur wie Schwere, Undurchdringlichkeit, Starrheit, Flüssigkeit, Elasticität etc. Die höheren Stufen werden von den organisch-unbewussten und organisch-bewussten Naturwesen, den Pflanzen, Tieren und Menschen eingenommen. Die Ideen gehen nicht in das Princip der Individuation und der Endlichkeit ein, d. h. in die verschiedenen Formen des Satzes vom Grunde; mithin sind sie über Entstehen und Vergehen erhaben, während die Individuen, in deren Gestalt sie in die Erscheinung treten, unaufhalt-

sam werden und vergehen. Die Ideen sind die immer
seienden Charakterformen der Dinge. Indes sind sie nicht
das Ansich der Dinge, denn während das Ding an sich
von allen dem Erkennen als solchem anhängenden Formen
frei ist, ist die Idee in die allgemeinste Form aller Erscheinung, das Object-für-ein-Subject-sein eingegangen.
Wohl aber sind die Ideen die adäquate Objectität des Dinges
an sich, „ja selbst das ganze Ding an sich, nur unter der
Form der Vorstellung" (I 206): die Einzelgegenstände dagegen sind nur eine mittelbare und darum inadäquate Objectität des Ansichs. Die Welt „sub specie aeternitatis"
(= idearum) betrachtet erscheint als ein „Nunc stans", d.
h. als ein Complex unveränderlicher Formen.

Was als bloss objectives Bild, blosse Gestalt betrachtet
und dadurch aus aller Relation herausgehoben die Platonische
Idee ist, das ist, empirisch genommen, die Species oder Art.

Gänzlich verschieden von der Idee ist der Begriff, der
Gegenstand des discursiven Denkens. Zwar haben beide
d a s gemein, dass sie als Einheiten eine Mehrheit von Dingen repräsentiren (s. I 275 f.): allein während der Begriff
„abstract, discursiv und innerhalb seiner Sphäre völlig un-
bestimmt, nur seiner Grenze nach bestimmt" ist, ist die
Idee dagegen durchaus anschaulich und obwol eine unendliche Menge einzelner Dinge vertretend, dennoch durchgängig bestimmt. Der Begriff ist eine durch Abstraction
wiederhergestellte Einheit, eine „unitas post rem"; die Idee
hingegen eine „vermöge der Zeit- und Raumform unserer
intuitiven Apprehension in die Vielheit zerfallene Einheit",
eine „unitas ante rem".

Dies die in engstem Anschluss an Sch.'s eigene Worte
gegebene Definition der Ideen. Dieselbe soll mit der von
Plato gegebenen übereinstimmen.

Und in der That zeigt Sch.'s Ideenlehre, wie unten noch
ausgeführt werden soll, die wesentlichen Elemente der Platonischen, was uns jedoch nicht verhindern wird, einige
differente Punkte zu berühren.

Was zunächst den von Sch. selbst angeführten Unterschied anlangt, dass die Ideen bei Plato das Ansich der

Dinge, mithin Realitäten, bei ihm selbst aber nur Vorstellungen sind, so werden wir denselben an einer anderen Stelle besprechen. Hier soll nur darauf hingewiesen werden, dass bei Sch. die Ideen die Correlate der Artbegriffe, bei Plato hingegen (wenigstens nach der consequenten Auffassung) der Begriffe im Allgemeinen sind. Plato ging von der Socratischen Begriffsphilosophie aus und führte die Grundsätze derselben auf ihre metaphysischen Voraussetzungen zurück, indem er das Ganze unserer Begriffe, mit welchen die dialectische Vernunft operirt, nur das Abbild, die Spiegelung eines Ganzen von wesenhaften, für sich seienden Substanzen, den Ideen, sein lässt. Daher gibt es für Plato nicht Ein Seiendes sondern viele Seiende, deren gegenseitige Beziehungen (Identität und Unterschied, Ueberordnung und Unterordnung etc.) vollständig den Beziehungen der Begriffe zu einander entsprechen. Consequenter Weise umspannt daher das Ideennetz Alles, was existirt, sowol in re als in intellectu, Natur- und Kunstproducte, Substantielles und auch blosse Eigenschafts- und Verhältnissbegriffe, die mathematischen Figuren, die grammatischen Formen u. s. w. (Vergl. Zeller, Philosophie der Griechen, 3. Aufl. II\a p. 585.)

Sch. hingegen scheidet von den Ideen alle diejenigen aus, welche Hypostasen von Artefacten und blossen Allgemein- und Verhältnissbegriffen sind, und lässt allein die ἰδέαι ἐπὶ τῶν φύσει bestehen. Uebrigens darf er sich bei dieser Naturalisirung der Ideenlehre einmal auf eine unten zur Sprache kommende, bei Plato selbst in bedeutsamen Ansätzen vorhandene dynamische Betrachtung der Ideen, sodann auch auf ausdrückliche Angaben des Aristoteles über die Ideenlehre Platos berufen (vergl. W. a. W. u. V. I § 41 u. II 418). Auch noch in einem anderen Sinne naturalisirt Sch. Platons Ideenlehre. Bei Plato ist die Idee des Guten Zweck und Grund alles Seins; sie wirkt durch die ganze Ideenwelt hindurch; bei Sch. hingegen verlieren die Ideen die ethische Bestimmtheit, da sie ja nichts anderes sind als die Naturformen und Schemata, in welchen sich der Wille zum Leben, die Quelle alles Seins und Leidens, manifestirt. —

Die aesthetische Erkenntnissart war die Erkenntniss unabhängig vom Satze des Grundes: mithin muss ihr Correlat und Object von den Formen dieses Satzes frei sein; und Sch. behauptet ja auch wirklich, dass die Idee die allgemeinste Form der Vorstellung angenommen hat. Im Widerspruch hiermit steht es, wenn Sch. stets von einer Vielheit der Ideen spricht, denn alle Vielheit ist durch Zeit und Raum („das principium individuationis") bestimmt. Die Quelle dieser Inconsequenz ist die Verquickung des Platonismus mit dem Kantschen Kriticismus.

Plato hatte von der einzelnen dem Ideenorganismus angehörigen Idee die Vielheit (das Entstehen und Vergehen) negirt, dagegen hindert ihn nichts, von vornherein eine Pluralität von Ideen anzunehmen; wohl aber lag dieser Hinderungsgrund für Sch. vor, der mit Kant Raum und Zeit als blosse Erkenntnissformen ansah, in denen nur das Individuum und nicht das reine Subject erkennt. Sch. hätte alle Vielheit und nicht bloss wie Plato die Vielheit des Gleichartigen leugnen müssen. Die Platonische Idee, heisst es bei Sch., ist noch nicht in die untergeordneten Formen der Erscheinung eingegangen; aber sie selbst verdankt ja als einzelne erst eben diesen Formen ihre Existenz. Consequent hätte dem reinen Subject des Erkennens nur E i n e Idee, die Idee des Einen Urwillens (s. o.) correspondiren dürfen.

Den gleichen Widerspruch lässt sich Sch. zu schulden kommen, wenn er eine qualitative Differenz unter den Ideen constatirt, je nachdem dieselben in der Ordinalreihe niedriger oder höher liegen.

Uebrigens muss hier noch angemerkt werden, dass Frauenstädt (vergl. Neue Briefe über die Philosophie Sch.'s Brief 20) zur Verteidigung Sch.'s gegen den soeben ausgesprochenen Vorwurf darauf hinweist, dass der Philosoph in einer späteren Periode seines Philosophirens die Ideen nicht für blosse Vorstellungen sondern für Realitäten gehalten habe; ein Wechsel der Ansicht, welcher zwar in der realistischen Seite des Systems seine tiefe Wurzel hat, welche „dem consequentesten aller Philosophen" indes um so schlechter steht, als er sich früher in der bestimmtesten Weise

gegen die Möglichkeit einer realen Differenzirung des Einen
Urwillens ausgesprochen hat; vergl. z. B. I 134 u. 152.

Einen dritten in derselben Richtung wie die bisherigen
liegenden Vorwurf involvirt Sch.'s Erklärung des durch
architectonische Bauwerke hervorgerufenen aesthetischen
Eindrucks; das ein Bauwerk contemplirende Subject nämlich schaut nicht Eine Idee an, sondern die Relation zweier
Ideen (der Schwere und der Starrheit). Mithin erkennt das
reine Subject auch unter der Kategorie der Relation.

Endlich aber ist es auch für Sch. unstatthaft, die Ideen
als die „bleibenden" und „dauernden" Formen zu bezeichnen, denn Wechsel und Dauer sind „durch das Gesetz der
Causalität und die nur unter Voraussetzung der Causalität
vorstellbare Materie bedingt" (I 143).

Wir wiederholen, dass Sch.'s Praemissen als Correlat
des reinen Subjects der Erkenntniss nur die Eine Idee des
Einen Urwillens zulassen.

Etwas anders verhält es sich mit der Bezeichnung der
Ideen als „Formen", „Bilder" und „Gestalten".

„Wenn der Wille, so heisst es II 427, das Bewusstsein
geräumt hat und der Intellect als reines Subject die objective Welt spiegelt, treten Farbe und Gestalt der Dinge
in ihrer wahren und vollen Bedeutung hervor". In dem-
selben Sinne ist die Platonische Idee „ein objectives Bild",
„eine Gestalt" (II 417).

Dagegen heisst es kurz vor der zuletzt angeführten
Stelle: „Sogar Form und Farbe, welche in der anschauenden Auffassung der Idee das Unmittelbare sind, gehören
„im Grunde" nicht dieser an, sondern sind nur Medium
ihres Ausdrucks; da ihr, „genau genommen" der Raum so
fremd ist wie die Zeit". Und I 247: „nicht allein der Zeit,
sondern auch dem Raume ist die Idee enthoben; denn nicht
die mir vorschwebende räumliche Gestalt, sondern der Ausdruck, die reine Bedeutung derselben, ihr innerstes Wesen
. . . ist eigentlich die Idee und kann ganz das Selbe sein,
bei grossem Unterschied der räumlichen Verhältnisse der
Gestalt". —

Bevor wir indes den Grund dieser Schwankung unter-

suchen, mag noch darauf hingewiesen werden, dass dasselbe
Oscilliren sich auch bei Plato findet, der ja im Phädrus
das „form- und gestaltlose untastbare Sein", in den Büchern
vom Staat hingegen die geformten und zwar schöngeform-
ten Ideen als das Object philosophischer Betrachtung bezeichnet.

Für Sch.'s Ideenlehre ist zunächst das klar, dass die
untersten Objectivationsstufen des Willens, die Schwere,
Starrheit u. s. w. gar nicht als Formen oder Gestalten ge-
dacht werden können; sie sind vielmehr Kräfte, Potenzen.
Von Formen kann nur auf höheren Stufen die Rede sein.
Was bedeuten aber hier Formen und Gestalten? Die Idee,
so sahen wir oben, ist durchaus anschaulich und, obwol
eine unendliche Menge einzelner Dinge vertretend, dennoch
durchgängig bestimmt (I 276).

Eine Gestalt, welche diese Idee ausdrücken wollte,
müsste daher alle der Idee möglichen Aeusserungen vollständig offenbaren. Allein schon Herder verwarf in seiner
Kritik der Kantschen Aesthetik (vergl. Zimmermann a. a.
O. p. 472) mit Recht die Idee als Vernunftbegriff, das
Ideal als die Vorstellung eines einzelnen der Idee adäquaten Wesens, da ein Vernunftbegriff sich nicht darstellen
lasse, und kein einzelnes Ding einer Vernunftidee adäquat,
sondern nur unter ihr enthalten sein könne, oder, wenn wir
uns Spinozistisch ausdrücken dürfen, da ein unendlicher
Modus nie in einem endlichen enthalten sein kann.

Um zu jenem Bilde zu gelangen, müsste die Einbildungskraft „bei Vergleichung mehrerer gesehener Bilder
eins auf das andere fallen" lassen, „um durch die Congru-
enz des Mehreren von derselben Art ein Mittleres heraus-
zubekommen, welches allen zum gemeinschaftlichen Mass-
stabe dient"; man erhielte mithin das Ideal durch eine
Durchschnittsinduction; es wäre „das zwischen allen einzelnen, auf mancherlei Weise verschiedenen Anschauungen
der Individuen schwebende Bild der ganzen Gattung, welches die Natur zum Urbild ihrer Erzeugungen in derselben
Species unterlegte", (a. a. O. 473/4) und dessen Züge auch
noch das verzerrteste Ideal „des Buraeten" an sich tragen

muss, um überhaupt nur der Gattung anzugehören. Allein es versteht sich von selbst, dass beispielsweise das Bild eines Menschen, in welchem alle Unterschiede der Race, des Geschlechtes, des Alters getilgt sind, nicht nur kein Urbild der Schönheit ist, sondern nicht einmal als Gestalt und zwar als durchgängig bestimmte Gestalt vorgestellt werden kann. Es ist nichts als ein sinnlich unbestimmtes Schema.

Hierher gehört der Gedanke, welchen Goethe in der „Metamorphose der Pflanzen" ausspricht. — „Es ist kein Traum", schreibt er im Geiste dieses Gedankens an Frau v. Stein*), . . . „es ist ein Gewahrwerden der wesentlichen Form, mit welcher die Natur gleichsam nur immer spielt und spielend das mannigfaltige Leben hervorbringt". Anfangs erschien ihm freilich jene wesentliche Form noch unter der Gestalt einer übersinnlichen Urpflanze. Später aber war sie ihm nichts als ein heuristisches Princip für die Auffindung des unwandelbar Typischen im Wandelbaren.

Jedenfalls ist ein alle erdenklichen Gegensätze und Verschiedenheiten in sich aufgelöst tragendes Bild nicht die Idee, wie sie Sch. selbst beschreibt.

Von vornherein ist es wahrscheinlicher, wenn man die Idee nicht als das abgeblasste, verschwommene Gattungsbild, sondern als das Ur- und Musterbild fasst, nach welchem die Natur, wie nach einem Modelle schafft, allerdings ohne je die Vollkommenheit des Prototyps zu erreichen. Vergl. u. a. I 154, wo Sch. die Ideen als „die unerreichten Musterbilder" oder als „die ewigen Formen" der Dinge bezeichnet. Diese Auffassung empfiehlt sich dadurch, dass man sich ja das Object der aesthetischen Contemplation gern als ein aesthetisch bedeutsames vorstellt. Allein die verschiedensten Instanzen sprechen gegen diese Annahme: Zunächst ist es, um unser obiges Beispiel, das aber (s. u.) mehr als Beispiel ist, zu verwerten, unmöglich sich ein allgemeines Musterbild der Menschenschönheit vorzustellen;

---

*) Citirt nach Hettner: Geschichte der deutschen Litteratur im XVIII. Jahrhundert III 698.

dasselbe muss sich vielmehr, wenn auch nicht zu Musterbildern der einzelnen Nationalitäten, so doch zu Musterbildern der verschiedenen Lebensalter und der beiden Geschlechter besondern; damit aber fällt die eine Eigenschaft
der Idee, ihre die Vielheit ausschliessende Einheit.
Weitere Schwierigkeiten entstehen durch das Verhältniss der Einzeldinge zur Idee. In jedem Dinge erscheint
der Wille auf irgend einer Stufe seiner Objectität; jedes
Ding ist Ausdruck einer Idee (I 247 fg.); nur dadurch,
dass das Einzelne die den Begriff einer Idee constituiren-
den Merkmale zeigt, existirt es überhaupt; fehlt eines dieser Merkmale, so existirt das Ding entweder gar nicht oder
es gehört zu einer anderen Objectivationsstufe. Zu den
Merkmalen aber kann die Schönheit nicht gehören; denn
sie fehlt nicht nur häufig den Abbildern der höchsten Ideen
(um in der Gattung „Homo" historisch zu argumentiren z. B.
dem Thersites), sondern die Erscheinungsformen mancher
tieferen Objectivationsstufen bleiben überhaupt unter der
aesthetischen Grenze. —

Endlich aber, und das ist der wichtigste Grund gegen
die Fassung der Ideen als der Urbilder der Erscheinungen,
lassen die meisten Objectivationsstufen eine Darstellung als
Musterbilder gar nicht zu; so, wie bereits erwähnt, die im
Gebiete des Unorganischen waltenden Kräfte, so vor allem
der Mensch als handelndes und empfindendes Wesen. Ja
eigentlich kann von Ideen als Musterbildern überhaupt nur
auf dem Gebiete der Plastik die Rede sein; und es ist ja
zugestanden, dass Platos Vorstellung von der Welt als einer
vom Demiurgen nach ewigen Urbildern geschaffenen im
Grunde nur eine Uebertragung des plastischen Bildens
nach Modellen auf die Weltschöpfung ist.

Die Ideen sind mithin keine „Bilder" und „Gestalten".
Sie sind vielmehr nach der consequentesten, von Sch. selbst
allerdings nie direct ausgesprochenen Fassung Kräfte, Potenzen.

Für diese Ansicht muss uns schon vor aller näheren
Untersuchung der Umstand günstig stimmen, dass ja
die Ideen Manifestationsformen des Willens sind, der

seinem eigentlichen Wesen nach wirkende Kraft ist. Wären die Ideen Gestalten, so müsste man, um ihre willenhafte Natur zu erkennen, wieder erst auf die gestaltenbildenden Kräfte zurückgehen.

Ein anderes günstiges Praejudiz für unsere Meinung dürfen wir mit Recht auch darin sehen, dass sich bei Plato neben der ontologischen Betrachtung der Ideen bedeutsame Spuren einer dynamischen Auffassung finden, in welcher die Ideen zu wirkenden Ursachen werden. (Vergl. Zeller a. a. O. II ª p. 557.) —

Vor allem aber wird die Identificirung der Ideen mit den Kräften dadurch empfohlen, wenn nicht geradezu geboten, dass so der Charakter der Ideen ein uniformer wird. Sch. selbst bezeichnet die untersten Stufen der Willensobjectivationen als Kräfte; vergl. ausser vielen anderen Stellen: I 214 und 234. Kräfte aber sind es auch, welche auf den höheren Stufen im Kampfe mit den unteren Kräften das organische Leben schaffen: organisch-plastische Kräfte. Endlich subsumiren sich unter denselben Oberbegriff die Triebe und Mächte, welche im Handeln der Thiere und Menschen zutage treten.

Der Künstler und Dichter gibt mithin in seinen Schöpfungen, wenn man so sagen darf, keine „Morphologie" der Natur, sondern lehrt die Kräfte und das wirkende Leben derselben kennen.

„Die Idee ist das Object der Kunst", d a s war der Satz, den wir im Voraufliegenden nach seiner positiven Seite betrachtet haben; es erübrigt noch die Negation, welche er involvirt, zu besprechen.

Sch. gehört zu den sog. Gehalts- oder Materialaesthetikern, welche im Gegensatz zu den Formalaesthetikern den Gegenstand der künstlerischen Production und des aesthetischen Genusses nicht in der äusseren Erscheinung und der Form oder, anders gesagt, dem „Wie" des Erscheinens sondern im Inhalte, im Wesen oder im „Was" der Erscheinungen erblicken. Vergl. I 262. Indem wir einen Gegenstand schön nennen, heisst es I 247, sprechen wir dadurch aus, dass er Object unserer aesthetischen Betrachtung ist, welches zweierlei in sich schliesst: erstens, dass wir bei seinem Anblick zum reinen, willenlosen Subject der Erkenntniss werden und zweitens, dass wir im Gegenstande nicht das einzelne Ding sondern eine Idee erkennen. Dem entspricht die Behauptung, wenn die Wolken zögen, seien die Figuren, welche sie bildeten, für die aesthetische Betrachtung indifferent; das Object der letzteren sei vielmehr das Wesen der Kräfte, welche sich in jenen Gebilden objectivirten und diese als elastischen Dunst erscheinen liessen (214). Ebenso sind nicht die Blumen und Bäume, welche das Eis im Winter an den Fensterscheiben bildet, sondern die Naturkraft, durch welche sich jene Figuren zusammencrystallisiren, der Gegenstand der Contemplation (a. a. O.). Dasselbe gilt auch, wie Sch. hinzufügt, von der Entfaltung der höchsten Idee: „die Geschichte des Menschengeschlechtes . . . die vielgestalteten Formen des menschlichen Lebens in verschiedenen Ländern und Jahrhunderten, dieses Alles ist nur die zufällige Form der Erscheinung der Idee" und darum für das reine Subject der Erkenntniss uninteressant.

Gegeben ist dem Beschauer zunächst das sinnlich wahrnehmbare Einzelobject oder (wie in der Poesie) eine anschauliche Folge von Stimmungen und Handlungen; aber nicht diese nach dem Satz vom Grunde zu erkennenden Erscheinungsformen sondern die Idee, losgelöst von allen Relationen und allen durch die Erscheinungsform gegebenen Bestimmtheiten, ist der eigentlich aesthetische Gegenstand. Das Individualobject ist voraesthetisch.

Nicht die Schale sondern allein den Kern contemplirt Sch.'s reines Subject der Erkenntniss, das „allen Sinnenschein verachtet und nach der Wesen Tiefe trachtet".

Versteht man unter dem Aesthetischen mit Anhalt an die Wortbedeutung und das vulgäre Urtheil, etwas den Sinnen Gegebenes, so ist mithin das Princip, zu welchem Sch.'s Philosophie in seiner Metaphysik des Schönen führt, im höchsten Masse: nichtaesthetisch, während andererseits die kritische Philosophie, welche ihre Aussagen auf die Erscheinungswelt beschränkt, selbst aesthetischen Charakter annimmt (vergl. Zimmermann a. a. O. 379). —

Der Grund, aus dem Sch. dem Einzelobject die aesthetische Dignität abspricht, ist ein zweifacher: 1) liegen in den Einzeldingen oder überhaupt in der Erscheinungswelt die Objecte unseres Willens und 2) haben die Dinge in Zeit und Raum, dieser nur für das Individuum realen Welt, eine bloss scheinbare und traumartige Existenz: sie sind nichts als eine leere Phantasmagorie, als ein Traum, den das Individualobject seiner sensualen und cerebralen Organisation nach träumen muss, aus dem zu erwachen aber sittliche Aufgabe ist. In der Aesthetik tritt die mit der realistischen Seite des Systems so schwer verträgliche idealistische in eclatantester Weise hervor. —

Auf beide Gründe haben wir oben geantwortet: auf den ersten durch den Nachweis, dass auch das Einzelding Object eines reinen, interesselosen Wohlgefallens sein kann; auf den zweiten, indem wir auf die realistische Seite der Schopenhauerschen Philosophie und auf die Bedeutung hinwiesen, welche die Erkenntniss nach dem Satz vom Grunde hat, wenn Wesen und Erscheinung, Ewiges und Zeitliches nicht dualistisch auseinanderfallen, sondern das Wesen der Erscheinung immanent ist.

Bevor wir indes aus diesen beiden Nachweisen Folgerungen für das Schöne der Einzeldinge ziehen, mögen erst die Consequenzen der Schopenhauerschen Aesthetik für diesen Begriff gezogen werden: Jedes Individuum hat das Wesen der Gattung an sich; in jedem Einzeldinge erscheint der Wille auf einer Stufe seiner Objectivität und macht es zum Repraesentanten einer Idee geschickt (I 247 8). Oder: jedes Einzelding ist die Idee einer Gattung, nur getrübt durch die untergeordneten Formen des Erkennens.

Daher ist es durchaus folgerichtig, wenn Sch. an der zuletzt citirten Stelle behauptet, dass jedes Ding schön sei. Dadurch aber, dass jedes Ding Existenzberechtigung im Reiche des Schönen gewinnt, verliert die Aesthetik ihren eigentlichen Charakter und ihren idealen Zweck, die Principien des Schönen im Unterschiede vom Hässlichen darzustellen; das Wesen der Aesthetik Sch.'s ist Optimismus und Quietismus; in der künstlerischen Praxis würde sie zum Realismus oder Naturalismus führen; denn derjenige Künstler, welcher schlechthinige Wirklichkeit bringt, d. h. die Natur abschreibt, kann allemal sicher sein, den Zweck der Kunst zu erreichen.

Die Consequenzen von Sch.'s Schönheitslehre führen mithin zu dem Zugeständniss, dass der Künstler, ohne sein Ziel zu verfehlen, das einzelne Ding wenigstens nachahmen darf, ein Zugeständniss, das man kaum erwarten konnte, da Sch. mit äusserster Indignation die Behauptung Platos zurückweist, dass der Künstler das einzelne Ding nachahme.

Die andere Frage ist freilich, ob Sch. nicht aus seinen Voraussetzungen heraus Forderungen für die Formgebung ziehen könnte, welche die Nachahmungen der puren, nicht im Geiste des Künstlers wiedergeborenen Wirklichkeit als eine tiefere Stufe der Schönheit erscheinen liessen.

Sch.'s Aesthetik hebt den Unterschied zwischen schönen und hässlichen Gegenständen auf und lässt nur den zwischen schönen und weniger schönen bestehen. Der Grad der Schönheit bestimmt sich einmal nach der Stufe, welcher der einzelne Gegenstand angehört, sodann nach der grösseren oder geringeren Deutlichkeit, mit welcher das Einzelding die Idee seiner Gattung ausspricht (I 248). Dies letztere geschieht dadurch, dass dasselbe „durch die in ihm vereinigte Vollständigkeit aller seiner Gattung möglichen Aeusserungen die Idee derselben vollkommen offenbart". Wir verstehen diese Stelle (s. o.) im Sinne des Gattungsideales, d. h. im Sinne desjenigen Stiles, welcher alles Individuelle und Charakteristische im Interesse einer Allgemeinheit und Typenhaftigkeit der Form abstreift. Die Basis dieser Forderung liegt vor allem in der griechischen Plastik, welche in ihren Göttergestalten den Kanon der idealischen Schönheit schuf. Das Allgemeine in der Form aber musste einer Philosophie willkommen sein, welche das

Individuelle und Einzelne um so mehr hasst, als es individuell und einzeln ist. Denselben Standpunkt nehmen auch alle diejenigen Kunsttheoretiker ein, die, wie Winkelmann, in der Antike und zwar speciell in der antiken Plastik die ewigen Normen aller Schönheit zu besitzen meinen; so verlangt Winckelmann, dass das Kunstwerk, um das Allgemeine der Idee darzustellen eine Gestalt sei, „welche weder dieser oder jener bestimmten Person eigen ist, noch irgend einen Zustand des Gemütes oder eine Empfindung der Leidenschaft ausdrückt, als welche fremde Züge in die Schönheit mischen und die Einheit unterbrechen".

. Und dann das berühmte oder, soll man sagen berüchtigte Wort, dass die Schönheit wie das vollkommenste Wasser sein solle, welches um so gesünder ist, je weniger Geschmack es hat. Im Einklang damit steht es, wenn Winckelmann es ganz consequent findet, dass die Kunst die Schönheit beider Geschlechter im Hermaphroditen vereinigte. (Vergl. Zimmermann a. a. O. p. 332).

Diese Kunsttheorie erkennt eigentlich nur Ein Ideal an; da indes das Endliche niemals das Unendliche ausdrücken kann, so bleibt (s. o.) die Idealschönheit unerreicht. Treffend bemerkt Zimmermann, die Kunst, welche alle erdenklichen Schönheiten zu einem Ganzen vereinigen wolle, laufe Gefahr, „einen geschlechts-alters- und individualitätslosen Gliedermann" zu schaffen (p. 333 a. a. O.) Und in der That sind ja auch die antiken Göttergestalten bei aller typischen Allgemeinheit der Form „Götterindividuen", eine nach Charakter, Geschlecht und Lebensalter unterschiedene „Götterfamilie". —

Trug Sch. an der oben herangezogenen Stelle (I 248) dem Platonischen Charakter seiner Kunstphilosophie einen pflichtschuldigen Zoll ab, so führt ihn seine gesunde Kunstanschauung und zugleich eine metaphysische Voraussetzung zur Würdigung eines anderen Kunststils. „Die Künste, so bemerkt er I 265/6, deren Zweck die Darstellung der Idee der Menschheit ist, haben neben der Schönheit, als dem Charakter der Gattung, noch den Charakter des Individuums,

welcher vorzugsweise Charakter genannt wird, zur Aufgabe".
Jedoch darf nicht der Charakter schlechthin, sofern er „etwas Zufälliges, dem Individuum in seiner Einzelheit ganz
und gar Eigenthümliches" ist, zur Darstellung gelangen,
denn das hiesse die Schönheit durch den Charakter aufheben; ebensowenig aber darf das Individuelle ganz und
gar in den Charakter aufgehoben werden, weil dadurch Bedeutungslosigkeit entsteht.

Aus letzterem Grunde muss (man sieht, dass Sch. seine
obige Ansicht corrigirt) selbst diejenige Kunst, welche
vor allem auf Schönheit ausgeht, d. h. die Sculptur, den
Gattungscharakter „immer in etwas durch den individuellen
Charakter modificiren und die Idee der Menschheit immer
auf eine bestimmte, individuelle Weise, eine besondere Seite
derselben hervorhebend, ausdrücken" (I 266). Ja es kann,
fügt Sch. bei, das Schöne durch das Charakteristische beschränkt werden und sogar, wie im trunkenen Silen und
Faun, in sein Gegenteil, das Hässliche, umschlagen.

Die Berechtigung für die Hervorkehrung des Individuellen liegt darin, „dass das menschliche Individuum als
solches gewissermassen die Dignität einer eigenen Idee hat"
(I 266); jeder Mensch ist eine besonders bestimmte und
charakterisirte Erscheinung des Willens (I 256), ein ἅπαξ
λεγόμενον; das Princip dieser charakteristischen Bestimmtheit
aber liegt im Ansich und nicht in der Erscheinung, denn, wie
z. B. aus Sch.'s charakterologischen Bemerkungen (vergl. I 127,
194; II 391) hervorgeht, bringt der Wille seinen Inhalt zu
den in der Erscheinungswelt gegebenen Motiven bereits mit,
ist mithin schon vor der Verleiblichung individuell bestimmt.

Es kann nun hier nicht unsere Aufgabe sein, diese beim
Begriff der Personalität sich vollziehende Umbiegung zum
Monadismus mit Sch.'s sonstigem Monismus in Einklang
zu bringen; wir constatiren nur, dass sich auch bei Sch.
ein die ganze Geschichte der Metaphysik des Schönen beherrschendes Gesetz bewahrheitet, dass bei monistischem
Standpunkt des Philosophen das typische Gattungsideal, bei
monadistischem hingegen das Individualideal bevorzugt
wird. (Vergl. Zimmermann p. 345 Anm.) —

4

Sch.'s Bemerkungen über die einzelnen schönen Gegenstände zeigen uns sonach, dass seine Kunstphilosophie im Grunde für alle Stilrichtungen Raum hat; der Naturalismus sogut wie der Idealismus, die Verehrer des Gattungs- und des Individualideals können sich aus Sch.'s Kunstphilosophie ihr aesthetisches Creditiv entnehmen.

Die Vorliebe für die griechisch-antike Formgebung hindert unsern Philosophen nicht die Niederländer zu würdigen, eine Duplicität des aesthetischen Standpunktes, wie sie sich bekanntlich auch bei Goethe, hier allerdings nicht in der Form eines friedlichen Nebeneinanders sondern eines schroffen Dualismus findet.

Sch.'s Aesthetik erkennt in weitherzigem Universalismus alle Stilrichtungen an; es fehlt ihr aber das Princip, nach welchem sich die Wahl des einen oder anderen Stils seitens der Künstler richtet. Zwar ist dieses Princip in gewisser Weise durch die Eigenart der verschiedenen Künste gegeben; allein, da sich jene Gegensätze auch auf dem Boden derselben Kunst abspielen, so genügt diese Bestimmung nicht. Jenes Princip ist, um es kurz zu sagen, der lebendige Stimmungs- und Empfindungsgehalt, für welchen der Künstler eine Verkörperung sucht. Von der Eigenheit dieses Empfindungsgehaltes hängt es ab, ob man wie Goethe in seiner Jugendperiode und die an Shakespeare sich anlehnenden Stürmer und Dränger insgesammt den durch schärfere Individualisirung ausgezeichneten germanischen Stil oder wie die Alten und unsere beiden Classiker in ihrer classischen Periode den idealen, plastischen Stil bevorzugen will. Die Form ist das notwendige Product des im Künstler zur Gestaltung drängenden geistesinnerlichen Gehaltes. Löst man diesen vitalen Zusammenhang zwischen Inhalt und Form, so wird die Form zum Selbstzweck, und es entsteht „das beziehungs- und inhaltsleere Formenideal", die Manier. (Vergl. Hettner a. a. O. II p. 440 ff.)

Jener Stimmungs- und Empfindungsgehalt, der geistige Urgrund alles künstlerischen Schaffens, aber zeigt (und hier nehmen wir ein Resultat des ersten Teiles unserer Untersuchung auf) den Rapport zwischen dem Künstlerindividuum und seiner Cultursphäre und Culturperiode; er

ist ein organisches Product der genialen Individualität und
des geistigen Gehaltes einer bestimmten Periode.
Der Träger dieses Empfindungsgehaltes ist nicht das
reine, zeitlose Subject des Erkennens, welches aller individuellen Eigentümlichkeit und aller Beziehungen zu seiner
Zeit entbehrt, sondern das Individuum, welches in seinem
Jahrhundert steht, „wie ein Baum in dem Erdreich, in das
er sich gewurzelt", und welches darum „die Muttermale"
seiner Zeit an sich trägt (Herder), so sehr es auch anderseits bemüht ist, in seinen Schöpfungen das allgemein Menschliche zur Gestaltung zu bringen.

„Durchdringung des reinen und des individuellen Subjects" das war die Forderung, welche wir im ersten Teile
unserer Arbeit aussprachen; dem entspricht im Objecte der
Kunst die Durchdringung der Idee (des Inhaltes) und der Form.
Das Object der aesthetischen Contemplation ist nicht das „Was"
der Dinge, ebensowenig die blosse Form („die leere Scherbe")
sondern die inhaltdurchdrungene Form, die Form, sofern sie
die Idee, das Lebensgesetz des Dinges, ausspricht. —
Indem wir so das Wie der einzelnen Gegenstände
zum Objecte der Aesthetik machen, gewinnt letztere allerdings einen ganz anderen Charakter, als sie ihn bei Sch.
hatte; sie wird die Wissenschaft von denjenigen Formen,
welche als Ausdruck eines lebensvollen Inhalts unser unmittelbares, uninteressirtes Wohlgefallen erwecken. Damit
rückt die Kunst und die künstlerische Betrachtung aus der
Nähe der Metaphysik; denn während diese das Allgemeine
als solches betrachtet und dem Einzelnen nur exemplifica-
torische Bedeutung beimisst, hat für jene gerade das Einzelne Wert; das Object dieser ist die Idee in ihrer Absolutheit, das Object jener die vollzogene, d. h. die in die Endlichkeit eingegangene Idee.
Allein was hierdurch die Aesthetik und die Kunst an
Würde verliert, gewinnt sie vollauf durch ihre Verselbstän-
digung.
Das Abhängigkeitsverhältniss, in welches Sch. die künstlerische Contemplation zur metaphysischen Erkenntniss bringt,
erhellt aus der Zweckbestimmung der Kunst und besonders
der künstlerischen Betrachtungsweise: „Wir vermögen uns
4*

der Dinge in zweifacher Auffassungsweise zu bemächtigen,
einmal in der immanenten und zweitens in der transscen-
dentalen; vermöge der ersten stellt sich uns das eine Wesen
jeglicher Art als eine Vielheit gleichartiger, stets von
neuem entstehender und vergehender Wesen in endloser
Succession dar"; vermöge der zweiten Auffassungsweise erkennt man die Bewandtniss, welche es mit der immanenten
hat, d. h. man durchschaut das principium individuationis
und erkennt das Eine hinter den Dingen liegende Wesen
jeglicher Art. Diese (d. h. die transscendentale) Auffassung
empfängt man in abstracto durch die Kritik der reinen
Vernunft; aber ausnahmsweise kann sie sich auch intuitiv
einstellen. Letztere Behauptung bildet das Thema der Aus-
führungen Sch.'s über Kunst und Kunstanschauung. (I 204.)
Ganz dem entsprechend setzt Sch. an einer anderen Stelle
(II 463) das Ziel der Künste darein, „das Problem des Daseins zu lösen"; diese Aufgabe allein hat für den Intellect
als solchen, d. h. den willensfreien Intellect Interesse. Jedes
Kunstwerk beantwortet die Frage: „was ist das Leben"?
Freilich nur in der naiven Form der Anschauung und des
Bildes; darum gewähren die Künste auch nur eine einst-
weilige, keine definitive Befriedigung; die definitive Antwort
gibt erst die Philosophie, indem sie das Daseinsproblem in
abstracten Begriffen, d. h. für die Reflexion löst. Die Künste
enthalten alle Wahrheit aber nur implicite und virtualiter, die
Philosophie hingegen actualiter und explicite. Die Fähigkeit
zur Kunst und Philosophie ist nur im Secundären verschieden.

Der Zweck der aesthetischen Contemplation ist also Er-
kenntniss; das Subject der aesthetischen Contemplation ist ein
Subject der Erkenntniss; das Object ein Object der Erkenntniss.
Sch.'s Aesthetik ist durch und durch intellectualistisch.

Die Philosophie ist eine Abspiegelung der Welt in Begriffen, eine Wissenschaft „in" Begriffen, nicht „durch"
Begriffe. Die Begriffe sind nicht der von ihr zur Erkenntniss verarbeitete Stoff, sondern nur die Form, in welche
ein anderweitig gewonnener Rohstoff gebracht wird. Dieser
Stoff ist durch die Anschauung gegeben: „Die Anschauung
ist nicht nur die Quelle aller Erkenntniss, sondern sie
selbst ist die Erkenntniss κατ' ἐξοχήν, ist allein die unbedingt

wahre, die echte, die ihres Namens vollkommen würdige
Erkenntniss (II 83); neue Grundansichten sind nur aus der
anschaulichen Erkenntniss zu schöpfen (II 69 und an vielen anderen Stellen).

Diese Anschauung aber kann, so lehrt uns jede Seite der
kunstphilosophischen Betrachtungen Sch.'s nicht die gemein
sinnliche Anschauung sein, welche am Scheine der Dinge
klebt, sondern eben jene intensive, eindringende Anschauung,
welche vom Philosophen als „reine Anschauung", unabhängig
vom Satze des Grundes, bezeichnet wird, und die Dinge nicht
nur anschaut sondern auf ihr Wesen hin durchschaut.

Dies geschieht, indem das reine Subject der Erkenntniss die Ideen contemplirt. Hier liegt der archimedische
Punkt der Kunstphilosophie Schopenhauers.

Kunst und Philosophie haben dieselbe Aufgabe: Erkenntniss des Wesens der Dinge; beide lösen die Aufgabe nach
ihren Mitteln; die eine für die Anschauung, die andere für
den discursiven Verstand. Dieses Resultat führt uns in die
Kindheit der deutschen Aesthetik und auf die Definition,
welche Baumgarten vom Schönen gibt: Schönheit ist sinnlich erkannte Vollkommenheit. Das Object der cognitio
sensitiva und der cognitio intellectualis ist dasselbe: das
„verum"; nur dass die Wahrheit mittelst der ersteren blos
gefühlt und „geschmeckt", mittelst der letzteren hingegen zur
Deutlichkeit des philosophischen Bewusstseins erhoben wird.

Darum findet es Sch. gar nicht so grundabsurd, wenn
der Baumgartenianer Adelung das Genie in „eine merkliche
Stärke der unteren Seelenkräfte" setzte.

Die Anschauung ist der von der Philosophie in Begriffe
umgesetzte Stoff. Der Wert der aesthetischen Erkenntniss
liegt eben darin, dass sie diesen Stoff liefert. Aehnlich wie
für Schelling ist die Kunst nicht ein selbständiges, autono-
mes Glied der Philosophie; die Kunst vermag niemals die
Idee in ihrer reinen Geistigkeit und Reinheit sondern immer
nur „in einer zufälligen Ansicht" zu bringen: „in der Kunst
ist das Beste zu geistig, um den Sinnen gegeben zu werden"
(II 465); das eigentlich Interessante und Wertvolle ist für
beide Philosophen die geistige Thätigkeit, mittelst deren
sich das Individuum über die sinnliche Beschränktheit der

einzelnen Erscheinung zur Idee erhebt; denn eben diese
geistige Thätigkeit, „die intellectuelle Anschauung" ist das
eigentliche Organon der Philosophie. Die Kunstbetrachtun-
gen beider Philosophen beschäftigen sich, so feinsinnig
auch namentlich Schopenhauers Bemerkungen über die
Kunstdarstellungen im Einzelnen sein mögen, nicht mit
dem, wodurch die einzelnen Dinge uns schön erscheinen,
sondern allein mit der geistigen Urthat, der intellectuellen
Erkenntniss. Dass damit aber das specifische Wesen der
Aesthetik aufgegeben ist, und dieselbe zu einer Dependenz
der Metaphysik wird, bedarf nach unseren bisherigen Aus-
führungen keiner weiteren Bemerkung.

Soviel über den Zweck, welchen nach Sch. die Kunst
und die künstlerische Betrachtung hat. Zum Schluss noch
wenige Worte über die Wirkung der Kunst, das Wohlgefallen.

Das Wohlgefallen am Schönen geht, so sahen wir bereits, aus den beiden Bestandtheilen hervor, welche in der
aesthetischen Betrachtungsweise unzertrennlich mit einander
vereinigt sind, der Erkenntniss der Idee und dem Selbstbewusstsein des Erkennenden als des reinen willenlosen
Subjects der Erkenntniss (I 230).

Indes sind, wie gleichfalls schon bemerkt wurde, die
beiden Coefficienten des Wohlgefallens keineswegs immer
von der gleichen Stärke; sie stehen vielmehr in einem sehr
verschiebbaren Verhältniss zu einander. Das Wohlgefallen
an der Erkenntniss der Idee praevalirt, wenn das Object
einer höheren und darum inhaltsreicheren Stufe angehört; ja
es vermag den zweiten Factor so stark herabzudrücken,
dass dessen Vorhandensein gar nicht empfunden wird. Dagegen überwiegt das Wohlgefallen an der Seligkeit und
Geistesruhe des Subjects, wenn die Idee wegen ihrer Dürf-
tigkeit und Einfachheit das Subject in minder lebhafte Thätigkeit versetzt.

Doch ist unbestreitbar, dass das Wohlgefallen an der
Ruhe und Willenlosigkeit des Subjects durchaus nicht aesthetisch ist, da das specifisch aesthetische Wohlgefallen nur
aus einer thätigen Beziehung zwischen Subject und Object
entstehen kann. Das Wohlgefühl der Nichtactivität erzielt
das indische Büssertum auch auf anderem Wege. Als spe-

cifisch aesthetisch bleibt mithin nur die Freude an der Erkenntniss der Ideen. Fraglich bleibt hierbei, ob die Freude
dem Erkenntnissact als solchem oder dem Object der Erkenntniss gilt. Dem letzteren könnte sie gelten, wenn die
Idee ein an sich, sei es aesthetisch oder ethisch, Wertvolles
wäre. Dass sie nicht aesthetischen Wert besitzt, haben
wir gezeigt; um ihr aber auch die ethische Qualität abzu-
sprechen, genügt der Hinweis darauf, dass die Ideen die
Formen, oder, wie wir zu zeigen versuchten, die Kräfte
sind, in welchen sich der unselige Drang zum Leben rea-
lisirt, und durch welche das besteht, „was besser nicht be-
stünde". Sonach ist das Wohlgefallen die Freude am Erkenntnissact, an der Erkenntnissthätigkeit quand même
oder, was dasselbe besagt, am erkennenden Subject. In
der aesthetischen Contemplation gelangt das Ich zum Selbst-
genuss und zur Selbstbespiegelung; es erfasst sich in seiner
Erkenntnissvirtuosität.

Dem grossen Aufklärer Kant war die Philosophie so
durchaus Wissenschaft, dass er kein Genie in der Philosophie anerkennen wollte und dass ihm der Vorschlag, poe-
tisch (im Sinne Platos) zu philosophiren, ähnlich erschien,
als wollte man einen Kaufmann veranlassen, künftig seine
Handelsbücher nicht in Prosa sondern in Versen zu schrei-
ben. Bei allem Sinn für die Architectonik seines Systems
ist ihm die Philosophie wesentlich „Geschäft". Der Roman-
tiker Schopenhauer blickt verächtlich auf die Wissenschaft;
seine Philosophie ist Philosophie des Apperçus, Genialitäts-
philosophie.

Benutzte Werke:

Zimmermann: Geschichte der Aesthetik.
Frauenstädt: Neue Briefe über die Philosophie Schopenhauers.
H ym: A. Schopenhauer.
Dr. H. Klee: Grundzüge einer Aesthetik nach Schopenhauer. Berlin,
     Duncker 1875.
     (Letztere Schrift bringt des Neuen äusserst wenig und über-
     geht die Schwierigkeiten der Aesthetik Sch.'s durch allzu engen
     Anschluss an Sch.) —

Vita.

Natus sum ego Hugo F. E. Gaudig anno sexage
hujus saec. Stoeckey, in vico prope Nordhusam sito,]
Eduardo, qui nunc ephoriae Bleicherodensi praeest, n
Ottilia e gente Dorguth, quam adhuc vivere magno
gaudeo. Adscriptus sum fidei evangelicae. Elementis
guae latinae et graecae a patre patruoque optime instru
adii gymnasium Nordhusanum, quod tum directore G. Gr
novum incrementum cepit. Maturitatis examine supe
me contuli in universitatem Halensem, ubi per octo
in studium et theologicum et philologicum incubui. Sc
interfui virorum praeclarissimorum Jacobi, Riehm, Sch
mann, Beyschlag, Hering, Koestlin, Kaehler; Haym,
mann; Keil, Hiller, Zacher, Heydemann, Gosche. Sur
gratias ago et Professori illustrissimo Jacobi, qui m
sodalitatem seminarii historico-ecclesiastici recepit, et
ill. Haym, qui me in philosophorum studium introduxit
omnes viri quam bene de me meruerint, nulla oblivio ol